Nicolas Davanne né le 9 octobre 1588
d'une famille [illegible] originaire de Davanne
près Cambray qui servit dans les armées
et qui s'y ruinerent. son Pere Guill. Davanne servit sous M. de
Montpensier en Normandie et [illegible] Dervin[?] a M.rs [illegible]
Garde du corps de [illegible] a Meulan [illegible] et sa
femme moururent en 1597. le 9 octobre
m. Anth. le Camus S.r de Jambeville M.e des Requetes ensuite
President au Grand conseil ensuite au Parlement
le fit etudier et il obtint le Prieuré de Conflans
S.te Honorine pres Poissy qu'il remit au Roy
et obtint celui de Parthenay en Poitou qu'il
permuta pour celui de N. D. de Bonne
nouvelles à Rouen on lui donna ensuite
celui de S.t George de Mante avec un petit
Prieuré sur il forma un titre clerical a un
Ecolier
en 1620 il fut nommé a celui de S.t Nigaise
de Meulan sa Patrie au Prieuré de Jambeville
et au Doyenné du Chapitre de Maule[?]
Cette année il prit les ordres agé de 33 ans
il n'avoit pas de science ni de capacité
dit il mais il retablissoit ses Benefices [illegible]
zele [illegible] a l'age de 88 ans il a donné
ce petit cartulaire l'an 1636. qui a la
seconde Edition
Auteur d'une vie de S.t Nigaise Martyr
ou est la prem. Edition

RECVEIL D'ACTES, ET CONTRACTS

Faicts par Me. NICOLAS DAVANNE Prestre ancien Prieur du Prieurê S. Nigaise au Fort de Meulent.

Et Encores par autres personnes, pour Fondations, & Decorations audit Prieuré & ailleurs.

Auec vne breue description dudit Prieurê selon son Estat, en l'année 1656.

A ROVEN,
De l'imprimerie de IEAN LE BOVLENGER.
M. D. C. LVI.

RECVEIL DES ACTES ET CONTRACTS

A MONSIEVR, MAISTRE FRANCOIS DE BLOIS

Conseiller du Roy en ses Conseils, President, & Lieutenant general du Bailliage & Comté de Meulent.

ONSIEVR.

Faisant reflexion sur les deux conseils Euangeliques, l'vn de cacher les bonnes œuures pour la secrette recompense, & l'autre de les faire voir pour en glorifier Dieu, i'ay estimé cette gloire plus meritoire si par emulation ie la pouuois faire augmenter. D'autre part considerant vostre trauail, à composer en forme d'histoire, ce qu'aués peu recueillir d'esparcé en diuers Autheurs, & parmy vos curieuses recherches, dans les tiltres & registres Royaux, comme dans les Chartriers des celebres Abbayes, & Monasteres, outre celuy cy de Meulent, ce qui a peu donner lumierre aux antiquitez de cette Ville & du Com-

té; les remarques de ses anciens Comtes, & à ce qui a suiuy iusques à nos iours. Sur ces deux points, i'ay pensé qu'en acheuant vn si digne ouurage, vous y pourrés faire quelques remarques de ce qui est aduenu de nostre temps, pour en laisser à la posterité les particularités que iugerés le meriter, & à ce dessein, que ie deuois faire ce recueil meslangé de plusieurs pieces ou i'ay trauaillé, & dont ie puis par consequent donner meilleure instruction: la pluspart concernant le prieuré S. Nicaise, outre le liure que i'en ay cy deuant fait imprimer, auquel ny en ce recueil. Ie proteste ny rechercher aucune vanité, sçachant quelle feroit perdre les merites d'un bien faict: mais simplement comme pour recit historial, afin d'aprendre aux viuans, & successeurs ce qui s'est passé pendent nos iours, & leur augmenter le courage de faire encor mieux. Il m'a semblé d'obligation d'y mesler la pieté des personnes du Pays enuers les Eglises, dont i'ay eü la direction, & specialement du Monastere nostre Dame de bonnes Nouuelles à Rouën de mesme ordre & Congregation de la reforme Benedictine, telle qu'elle est à present restablie à S. Nigaise, dautant qu'ayant esté en mesme temps & par plusieurs années Prieur de l'un & de l'autre, pour reedifier celuy de Rouen le premier, i'y porté les reuenus de Meulét, outre ce que ie pû retirer de vente de mes biens patrimoniaux, & à son tour, nostre Dame de Rouen à secouru S. Nigaise pour sa reédification: en sorte que tout s'y est parfaict conuenablement. Vous (MONSIEVR, auez connu ces choses, les auez louées & approuuées, & puis dire sans flaterie, & en tres pure verité & laisseray à la posterité cette reconnoissance, que vos sages conseils & pieuses inductions, y ont affermy mes resolutions. Les Cesars enfans du monde, in-

geront selon leurs caprices de ces pieces, ou d'aucunes d'icelles, les attribueront à vanité contre mes intentions. Il leur est permis d'en dire ce qu'ils voudront, le cours du Ciel ne changera pas pour l'aboy des chiens: Ainsi vous & moy s'il plaist à Dieu nous continuer ses graces, ne delaisserons de bien faire, & d'y exciter un chacun selon sa condition & son âage pour arriuer à une saincte Mort. Nos sepultures sont destinées en mesme Eglise, elles seruiront quant il plaira à Dieu, la terre y est assez spacieuse à qui en aura deuotion, & ensemble y attendre le son de cette derniere trompette; & y ressusciter pour la gloire, c'est à la diuine misericorde l'humble priere de

Vostre tres-affectionné seruiteur
en nostre Seigneur Iesus Christ.
N. DAVANNE.

A Meulent en Mars 1656.

AVX LECTEVRS, Salut.

POVR satisfaire à vos loüables curiositez, de sçauoir pourquoy en ces escrits il est fait souuent mētion de ma naissance à Meulent, de l'honneur deu à la Patrie, & de quelques actes de ma vie, & encores d'où peut prouenir que dans la ville, n'y en toute la Contrée ie suis seul de mon nom Dauanne, i'ay creu vous deuoir satisfaire, & en peu de mots vous aprendre qui ie suis, & apres ma mort que i'auray esté l'vn des chetifs enfans d'Adam & sujet aux miseres de sa posterité, encores que mes Ancestres paternels ayent esté puissans d'honneur, & de biens, Seigneurs du lieu dont ils portoient le nom d'Auanne proche Cambray, & de Pere en Fils, & Neueux, la plus-part employez & morts en guerre, aux seruices de nos Roys, quand en diuers temps ils ont porté leurs armes en Bourgongne dans la Flandre, Pays-bas, Alemagne, Italye, & autres lieux, mes Bisayeuls & Ayeuls y ont perdu tous leurs biens, & mon Pere resté ieune dans la Caualerie, ayant pour tous biens son courage, sa prudence, son Cheual & ses armes, eust employ dans vne Armée sous M. le Duc de Montpencier en Normandie, où il eust commandement d'escorter auec sa brigade M. de Iambeuille qui estoit Maistre des Requestes de l'Hostel du Roy, & lors Intendant de Iustice en cette Armée, duquel il acquist tellement l'amityé qu'il l'assista de ses commoditez : luy fit donner charge aux Gardes du Roy, & par son credit trouua à Meulent retraite & honneste mariage, dont ie suis issu, auec vn frere puisné qui ieune mourut en guerre : Ma naissance & Baptesme à Nostre Dame de Meulent, fut le 9. Octobre 1588. mes Pere & Mere decedez en mesme semaine 1597. au mois de Decembre, demeuré Orphelin, ce Seigneur deuenu President au Grand Conseil, depuis en Parlement, continuant sa bien-veillance, prist soin de mon education, me retira à Paris chez luy, ou ie pris resolution à la condition Ecclesiastique, fus premierement pourueu du Prieuré de Conflans saincte Honorine prez Poissy, qu'apres trois ou quatre ans, ie quittay par la volonté du Roy pour accommoder affaires d'Estat, en espoir d'auoir recompence promise; dont apres i'obtins le Prieuré de Parthenay en Poitou, que ie permutay à celuy de Nostre Dame de bonnes Nouuelles à Roüen ; & long temps apres (pour considerations d'asseurer la reforme y establie,) à celuy de S. Georges de Mante, & à vn autre petit que i'ay donné a vn Escolier, pendant lequel temps en l'année 1620. ie fut pourueu de celuy cy de Meulent, pris les Ordres deux ans apres aagé de 33. ans, & de suitte me fut donné le petit Prieuré de Iambeuille, & le Doyenné Canonical de Maillebois : Or en tous ces benefices Dieu ma fait la grace d'y employer le talent qu'il ma donné, cest l'operation des mains, priué des sciences & de capacité resleuée, qui y eussent possible contredit, i'ay esté content parmy les ouuriers a réedifier, & à reparer, planter, decorer, & remettre les Monasteres en bonne regularité, Dieu en soit benit, aiant acheuè celuy de Rouen, i'entrepris le mesme â Meulent, enfin tout s'y est accomply, mon Pays natal ma faict choisir la retraitte en celuy cy, auec la communauté des Religieux, soubz l'espoir d'y rendre à la terre ce qu'elle a produit, ma tombe y est preparée pour, (s'il plaist à Dieu) couurir mes cendres: ie veux icy faire vne confession publique d'auoir esté ieune (c'est assés s'expliquer) pour me dire le plus miserable des pecheurs, la misericorde de Dieu en recepura mes repentirs, puisqu'elle me fait la grace de les reconnoistre, pour en esperer le pardon. Voila vn bref recit de ma vie, en l'aage ou ie suis de 68. ans, s'approchant du but ou il faut tous arriuer: Si (Chers Lecteurs) cette mesme misericorde de Dieu vous donne de bons desirs, ne les laissés perir, car les bonnes oeuures que vous ferés seront les seuls biens que vous emporterés de ce monde.

A dieu.

BREVE DESCRIPTION DU *Prieuré Saint Nigaise, au Fort de Meulent, selon son estat, en l'année 1656.*

AVANT le transcript des Actes & Contracts dont ce Recueil est composé, desquels la pluspart concerne le Prieuré Saint Nigaise de Meulent : il m'a semblé à propos d'en faire icy vne petite description, laquelle pourra mieux éclaircir son estat, sa fondation, son progrés, sa décadence, ruine & restauration ; Le secret des Rois doit estre caché, mais les merueilles de Dieu veulent estre publiées, ce que i'ay amplement declaré en ce Liuret imprimé pour seconde fois, de la vie & martyre de saint Nigaise, où est joint la fondation de ce Prieuré & autres remarques historiques. Mais comme ce Recueil en est separé : j'ay crû qu'il sera plus intelligible, d'y auoir en teste cette simple narration pour ceux qui n'en peuuent pas auoir autre connoissance que pour la lecture des Liures ; Et plût à Dieu que nos prédecesseurs & ancestres eussent esté moins silentieux : beaucoup de choses notables se sont perduës manque d'escritures, & s'il y en a eu, les negligences les ont consommées ; de sorte que nous en écriuons plus incertains, auec la continüelle protestation de reformation aux meilleures reconnoissances, car la verité est le necessaire but d'vn bon Historien. I'ay eû cette visée quand i'ay fait l'Histoire de la mesme sorte pour la fondation, ruine, & restauration du Prieuré Conuentuel de Nostre Dame de Bonnes-Nouuelles à Roüen, sus-mentionné, L'escrit pourra s'imprimer, s'il se trouue conuenable, & si les Reuerends Peres Religieux qui le deseruent, en obtiennent permission de leurs Superieurs.

Pour la presente description, il conuient icy faire entendre, que le Prieuré S. Nigaise de Meulent n'est pas contenu, placé, ny enfermé dans la Ville, mais bien dans le fort d'icelle ; qui est vne Isle entiere, retranchée d'autres voisines pour faire cette fortification, & partie de Ville, au milieu de la riuiere de Seine qui l'enuironne de toutes parts. Cette partie du Fort est ceinte de grosses murailles, Tours, & d'épaisses terrasses gabionnées, auec éperons dehors & dedans, estimée bonne place de guerre, & à cét effet garnie de plusieurs pieces d'artillerie & munitions d'armes, Gouuerneur, Officiers, & Soldats entretenus par le Roy. Ce Fort contient dans soy vne Parroisse & des Habitans, d'enuiron quatre-vingts mesnages : Il est scitué entre deux grands Ponts de Pierre, d'vne belle structure : Le premier plus ancien entre ledit Fort & la Ville, qui en fait la communication, c'est le plus petit cours de la Riuiere : Le second, plus neuf & plus beau, & neaumoins de mesme alignement à ce premier la grand' ruë trauersant, ledit Fort regardant l'vn & l'autre ; & ce dernier placé sur le grand Canal de la Riuiere, où se fait le passage des grands batteaux, montans & aualans des Riuieres d'Yone, Canal de Loire, Seine, où entre Marne au dessus de Paris ; & Oyse prés Poissy, pour descendre à Roüen, & remonter de la Mer, pour les Villes sur toutes ces Riuieres ce qui leur est necessaire.

Cette Isle, ou bien ce Fort dans icelle, contient sept arpens embelly d'assez beaux bastimens : entr'autres de la Maison du Roy, pour la demeure du Sieur Gouuerneur, ou de ses Officiers (s'il luy plaist loger ailleurs) d'vn Arsenal pour les Armes, d'vne Auditoire pour le Siege Royal de la Iustice, où respondent trente-six Parroisses que contient ledit Bailliage de Meulent, vn beau logis du Lieutenant General, & autres Maisons d'Officiers & Bourgeois : L'Eglise Parroissiale de S. Iacques tres-belle en sa structure, & sur le Maistre Autel vne excellente piece d'vne Cene à personnages, gros du naturel, & pardessus ces bastimens est assis le Prieuré, dont l'Eglise, bastimens & jardins, font la pointe de l'Isle, au Soleil leuant, d'où vient le cours de la Riuiere, sur laquelle ses bordages, la plaine & les costes des enuirõs, le Monastere étend la veuë de ses fenestrages en tres-agreable aspect jusques à trois lieuës de long, & plus d'vne lieuë de largeur. Ledit Prieuré, la Parroisse, & tout le Canal de la riuiere aussi bien que toutes les Isles qu'elle contient, (dans l'vne tout proche ledit Fort, est le petit Prieuré S. Cosme) sont du Diocese de Chartres : l'autre partie de la Ville, où il y a deux grandes Eglises Parroissiales, est du Diocese de Roüen, au Vicariat de Ponthoise : & neantmoins auec ledit Fort ne fait qu'vne seule Ville, Gouuernement & Siege Royal, soubs le Presidial de Mante, au Ressort du Parlement & gouuernement de Paris, & Isle de France.

Ce Prieuré ainsi assis, est Conuentuel de l'Ordre S. Benoist, dépendant de la celebre Abbaye du Bec-Heloüin, au Diocese de Roüen ; il est maintenant vny (ainsi que ladite Abbaye, & ledit Prieuré Nostre Dame de Bonnes-Nouuelles à Roüen de mesme dependance) à la Congregation de S. Maur en France, qui a reformé & reparé la Regularité de l'Ordre S. Benoist en beaucoup de notables Monasteres, & en celuy-cy de Meulent (quoy que petit) au mois d'Octobre 1648. selon qu'il parestra par les Actes inserez en ce Recueil.

Pour ce qui est de l'Eglise S. Nigaise, elle est encores au mesme estat que Galeran premier du nom, Comte de Meulent, la fit construire & bastir sur la demolition d'vne petite Eglise Parroissiale, pour lors nommée Nostre Dame de l'Isle, enuiron l'an 1062. C'est pourquoy dans nos anciens tiltres. Cette Eglise rebastie est qualifiée des deux noms, Nostre Dame & de saint Nigaise : Neaumoins celuy de S. Nigaise (quoy que posterieur) l'a emporté en sa seule denomination. La presomption est demeurée, selon qu'on peut conjecturer par les tiltres & histoires que ce grand bastiment fut fait par ledit Galeran, pour accomplir quelque vœu, lors qu'il estoit prisonnier de guerre en Angleterre, & pour honorer les Reliques de S. Nigaise, & autres Corps Saints. Cela est remarqué en nostre Histoire.

L'exercice de la Parroisse demeura dans la mesme Eglise,

exercée par l'vn des Clercs qui estoient Chanoines, & qui furent premierement établis en cette nouuelle Eglise, ainsi qu'il paroist par vne Epistre que leur escrit Yues Euesque de Chartres, sur les difficultez d'vn Mariage pour le Comte de Meulent: Mais cet estat de Clercs ne dura gueres, ainsi que l'on voit par l'original recouuert d'vne Bulle du Pape Paschal de l'an 1104. qui octroye cette Eglise, vne autre de S. Pierre à Ponthoise, & autre de sainte Honorine de Conflans, à Guillaume Abbé, & aux Moynes du Becq, pour en faire des Monasteres. Ce qui fut fait, & en celuy-cy de Meulent, du consentement de ces Clercs cela fut à la poursuite de Robert Comte de Meulent, fils du premier Galeran, comme il est narré en l'original (aussi puis n'agueres recouuert) de la lettre du mesme Yues Euesque de Chartres inserée au Liure de ses Epistres, & dans l'Histoire de Beauuais, de cela, lors de l'impression premiere & seconde de ces Liurets, nous n'auions pas si bône connoissance; croyant que les Religieux y eussent esté instalez lors de la consecration qui a pû estre aussi solennelle que l'établissement: Ayant tiré cette conjecture de la lettre du second Galeran, fils de ce Robert de l'an 1141. portant la confirmation des aumosnes faites à ladite Eglise par Galeran son ayeul, & Robert son pere, qu'il en dit Fondateurs, & en autres lettres de ces temps, les donations sont aux Moynes, sans qu'il soit fait mention de ces Clercs. Or de ces Clercs retirez ou faits Moynes, resta quelqu'vn Seculier qui demeura Prestre de l'Autel Parroissial, dit du Crucifix, comme il paroist par vn Reglement donné par l'Archeuesque de Roüen & l'Abbé de Fescamp, Commissaires pour ce deleguez de Rome, entre le Prestre de cet Autel (nommé ainsi le Prestre pour dire Recteur ou Curé, noms depuis inuentez) & les Religieux tenans le Chœur, & Maistres du Corps de l'Eglise, & ainsi Curez primitifs d'icelle, pour les offices & oblations.

La suite des temps rapporta encores d'autres difficultez entre tel Recteur de Parroisse & les Religieux, qu'il conuint en faire separation, ainsi que le contient l'original d'vne lettre de Pierre de Maincy Euesque de Chartres, de l'an 1269. où les motifs y font narrez ; & comme à la priere des habitans & du consentement des Religieux, il transfere ladite Parroisse en la Chapelle S. Iacques, à laquelle lesdits Religieux ne deuront aucune contribution, & leur est reserué d'y prendre les oblations des cierges de la Chandeleur, & que les habitans auront leur sepulture au Cimetiere S. Nigaise comme auparauant ; ce qui s'est continué, s'estant aussi fait auparauant, & depuis des inhumations dans l'Eglise S. Nigaise, ainsi qu'il paroist par des tombes grauées dans le Chœur, Chappelles, & Nef, & s'y en reçoit encores à present.

La continence de l'Eglise est de vingt-cinq toises de longueur dans-œuure, & de douze toises en largeur par la croisée: elle est Reguliere, & d'vn mesme Ordre de Symetrie, composée de Chœur, croisée, & Nef. Aux costez du Chœur dans deux demy ronds sortans en teste des croisées, sont deux Chapelles voûtées, & au dessous de la premiere voûte, à chacune vne autre Chapelle pareillement voûtée, & pour y monter, & aux galeries d'alentour des croisées faites à colonnes : Il y a deux grands degrez dans des Tourelles qui s'esleuent en clochers, & pyramides de pierre aux encoigneures d'icelles croisées, comme sont deux semblables degrez, & tourelles aux costez du portail de l'Eglise ; ce qui y fait vne assez belle decoration pour son antiquité de six cens ans, que le bastiment est fait.

Au regard de la Nef, elle est composée de huict pilliers pour en soustenir la voûte, & faire des Adens aux deux costez voûtez plus bas que la Nef. De ces pilliers, quatre sont taillez en façon de grosses colonnes, & quatre plus massifs en quadrature & demy colonnes, mais non si gros que quatre autres principaux, qui sont la croisée, & supportans le milieu d'icelle, ils auoient esté faits de telle grosseur, pour porter vne Tour carrée en esleuation de clocher voûté, dont l'on voit les vestiges qui fut abbattue des vents enuiron l'an 1495. ce qui fut occasion de reduire cette esleuation au mesme niueau & façon des autres voûtes, & sur la derniere contre le Portail entre deux Tourelles, d'y faire vn surhaussement qui sert à present de clocher, où fut mis la plus grosse cloche, eschappée entiere du debris : elle porte datte de 1375. La seconde qui auoit esté cassée fut refaite, sa datte est 1496. ce qui donne connoissance du temps de cette cheute, & reparation, comme fait vne Armoirie à la clef de l'vne des voûtes refaites ; c'est d'vn Abbé du Becq, viuant en cet an 1496. ne s'en trouuant point d'escrits autre que dans vn Liure ces mots : *Le iour de sainte Catherine nostre Clocher & partie de nostre Monastere furent abbatus des grands vents*, & ne dit point l'année.

Le grand Autel est bas, suiuant l'vsage antique, garny d'vne tres-belle contre-table d'ouurage en petit relief, des Actes de la Passion, & au milieu le Tabernacle du S. Sacrement, & deuant, vne Lampe d'argent, brûlant continüellement. Au derriere de cet Autel, il y en a vn autre de nostre Dame, de present appliqué pour la Sacristie, fermant ce derriere : A costé senextre dudit grand Autel vne Armoire de pierre, fermée de grille de fer peint, & au dessus vne belle Image de S. Nigaise, grosse du naturel : dedans laquelle Armoire sont arangez nombre de Reliquaires que l'on en retire pour poser sur les gradins du grand Autel, aux Festes solennelles, aussi vn Cor d'yuoire qui a jadis seruy à enfermer quelques Reliques, ou à sonner pour assembler le peuple au Seruice diuin, auant l'inuention des cloches : il s'appelle le Cornet saint Nigaise, & par son aplication aux oreilles, il se fait guerisons de surditez.

Pour les principaux Reliquaires, ce sont quatre Chasses posées dedans vn grand Tabernacle, ou buffet de menuiserie, qui est dressé dans la Chappelle haute à droit, & paroist auoir esté autrefois placé sur le grand Autel, où il faisoit possible (comme il y a apparence) quelque ombre à la veuë des celebrans ou moins de seureté en sa garde. La principale Chasse est celle d'argent, auec ses dorures, où est enfermé la pluspart du corps & ossements de S. Nigaise, veus d'vn chacun en la solemnité de sa renouation la Vigile de l'Ascension 1643. dont l'Acte sera trãscrit en ce Recueil. Les trois autres sont de bois doré, qui contiennent diuisément les Reliques de S. Quirin Prestre, de S. Scuuicule Diacre, de sainte Pience, jadis Dame de la Roche-Guyon, conuertie à la foy, & associée à leur martyre.

Au dessous de cette Chapelle à la basse, est dans le mur vn enfondrement d'vn deuot & tres-beau Sepulchre de nostre Seigneur, à personnages proportionnez du naturel, de pierre dure peinte, estimez vn tres-bon ouurage. Sur les autres Autels sont belles Images. C'est chose que l'on remarque par admiration, l'humilité du Fondateur Galeran premier du nom, en son Sepulchre, à costé senextre du grand Autel contre le mur, esleué de trois pieds, n'estant que d'vne seule pierre en forme de cercueil couuert, & fermé d'vne longue pierre plate, sans graueure ny escriture. Son corps y est enfermé couuert d'armes, quasi consommées.

Selon qu'il a paru par les anciens vestiges (auant leur renuersement pour cette derniere construction de Monastere) il y a eu de grands lieux Reguliers, s'empressans, & ny restant qu'vn jardin bien petit. Ces anciens lieux comprenoient dans la court des édifices sur la grand' ruë, lesquels démolis par feu, prise, & reprise du Fort, durant les guerres Angloises, & ne pouuans estre réedifiez, l'on fut contraint par les Edits du Roy pour la repopulation des Villes, de bailler à censiues & rentes partie de ces lieux ruinez sur les ruës, ainsi qu'il est fait mention par les contracts de telles alienations, les autres bastimens aussi tombez de vieillesse & decadence: les biens & domaines ayans receu pareilles ruines en leurs bastimens, & le Païs dépeuplé, l'on fut contraint de bailler à petites rentes, des heritages, Moulins, & Mettairies ruinées. Apres arriué que le Comté de Meulent rentré dans les domaines de la Couronne, les aumosnes de bled, sel, & autres redeuances, furent par les Officiers du Roy reduites à petites rentes: Suruint aussi quelques Taxes Ecclesiastiques pour les guerres de la Religion, en sorte qu'il n'y eut plus moyen d'y subsister des Religieux.

Arriuant par moy DAVANNE d'estre pourueu du Prieuré l'an 1620. l'Eglise en mauuais estat, conuint la reparer diligemment, tant en murs, charpenteries, couuertures, qu'en autres necessaires reparations, remettre le logis ruiné & abandonné d'habitation, en estat d'y loger, retirer quelques biens alienez, y redresser mieux l'Office diuin, & jusques au temps qu'estant reconnu Conuentuel il fut trouué conuenable le rétablir en estat de bonne Regularité; Ce qui fut obtenu par le secours des Reuerends Peres Religieux Benedictins de la Congregation de saint Maur, establis en ladite Abbaye du Becq, & audit Prieuré Nostre Dame de Bonnes-Nouuelles, pour estre du mesme Corps & dependance. L'introduction s'en fit à S. Nigaise l'an 1648. apres auoir rebasty à neuf tous les lieux Reguliers, garny de meubles, l'Eglise d'ornemens, & autres necessitez: L'on fut obligé d'acquerir & retirer aucunes des Maisons joignans ledit Monastere, pour en disposer les commoditez; en sorte qu'à present tous les lieux & Offices, (quoy que mediocres) sont en estat assez commodes.

En l'année 1654. à l'occasion de vignes retirées, d'autres acquises & plantées, conuint faire vn pressoüer, & bastimens propres, & l'année d'apres 1655. pour meilleure decoration à l'Eglise, disposer en place de belle façon, vne petite rüelle qui en estoit l'aduenuë, & pour cet ouurage acquerir & razer deux Maisons, & retrancher vn coin du Cimetiere, eslargy d'autre costé. De cela les Actes sont icy transcrits pour memoire: Voila pour l'estat des lieux, & pour les biens restez des anciennes fondations, en voicy vn petit abbregé selon les joüissances du temps present.

Le droict de Marché du Ieudy, tenu au Fort de Meulent, selon son octroy par les Comtes Fondateurs, sembloit estre de gros reuenu par l'exageration des tiltres, & neantmoins n'en reuient qu'enuiron dix liures par an: les autres droicts sur les Domaines du Roy pour le Comté de Meulent, estoient considerables, comme de trois muids de bled sur le grand Moulin Banal, dixmes des peages du Sel, Pescheries, Dixmes des Estangs,

Estangs, pouuoir d'y prendre du poisson aux Festes solennelles; des cierges, vn Porc, & diuerses petites sõmes de deniers pour fondations particulieres. Tout cela reduit par les Officiers du Roy à quarante-huict liures deux sols six deniers, payez par le Receueur du Domaine. Il est resté la paisible iouïssance du franc moudre au Moulin Banal, apres le premier engrené. Censiues, & droicts Seigneuriaux, sur maisons dans le Fort & dans la Ville, Seigneurs des Mureaux, sur la pluspart des maisons, l'ancienne Eglise, le Presbitaire, & le Moulin, sont dans cette teneure de S. Nigaise, & grande estenduë d'heritages du costé vers Verneüil, à Macheru, la Mothe, & ailleurs. A Chapet, & Hardricourt, pareilles censiues & droicts Seigneuriaux, dont l'on joüist de tout à present.

ITEM, appartient audit Prieuré rentes foncieres & Seigneuriales, sur Gaillon, le Saulçay, & Becheuille, qui releuent dudit Prieuré: Comme à Esposne vn Fief à haute Iustice de mesme relief, & semblables Fiefs à Thun, Vaux, Euesquemont, Tessancourt, Oinuille, Drocourt, Incourt, Gargenuille, Haneucourt, Issou, Flins, Fresnes, Verneüil, & ailleurs, dont les possesseurs rendent les foys & hommages audit saint Nigaise, selon les mutations.

ITEM, appartient audit Prieuré, vn Gord, autrement dit Ramée, qui est vne Pescherie dans la riuiere, entre les deux Isles de S. Nigaise, au dessus du petit Pont: lesquelles Isles sont du Domaine S. Nigaise, dont fait partie l'esperon retranché aux derniers mouuemens de guerre pour augmenter les fortifications, sans en auoir diuerty la proprieté & joüissance de l'vtile. Audit Euesquemont vn traict de dixme: à la Cousture terroir de Meulent, sept arpens de terre, en vne piece qui contenoit vnze arpens, dont reste quatre à retirer de leur alienation. Dans la Paroisse de Tessancourt, vne Mestairie de grands bastimens & enclos, contient en tout soixante & dix arpens d'heritages. A Hardricourt vne petite piece de terre en Bourgongne: à Iusiers dans la grand'Isle, six arpens de pré en vne piece & trois quartiers ioignans. A Esposne trois arpens

trente-cinq perches de pré en trois pieces. Aux Mureaux vne piece de pré d'enuiron neuf arpens: Vne autre de deux arpens proche : vn arpent de vigne : huict arpens de terre en deux pieces auec vn quartier.

ITEM, vn quartier de pré donné par le sieur Lieutenant general pour fondation transcrite en ce Recueil. ITEM, six arpens de terre en plusieurs pieces, dans le fief dudit S. Nigaise, donnez par le sieur Chesnier & la Damoiselle sa femme, selon les Contracts qui sont dans cet imprimé, & quelques rentes données pour fondations.

Pareillement audit Prieuré appartient les deux tiers de toutes les dixmes grosses & menues des Mureaux, vne court & la grange separée de la portion du sieur Curé, qui prend l'autre tiers, & quelques petites nouales reglées. Item, à Fresnes & Chapet son anexe, pareils deux tiers des dixmes generales grosses & menues sans nouales, qui ont esté confuses par composition auec les sieurs Curez, qui ont l'autre tiers : ladite dixme S. Nigaise logée en Maison, grange, & lieux pour cet effet acquis & bastis audit Fresnes.

ITEM, à Bures & Bresoles, vn traict de dixme, affermé sur les lieux, borné & reglé auec les sieurs Curez voisins.

ITEM, de dernier acquest (selon le contract transcrit en ce Recueil pour fondations) treize arpens de vignes & terres dits Saint Pere de Iumieges, assis entre Meulent & Vaux, qui sont amortis, & sans aucune redeuance de Seigneurie, ny dixmes. Les autres biens tels que dessus, tant en Domaines que Fiefs, sont semblablement amortis, tant par les Comtes de Meulent qu'autres Seigneurs, & par les Rois. Des alienations reste à retirer les quatre arpens à la Cousture, dessus mentionnez, & douze arpens à Chapet : Il y a quinze arpens à Flins, dits les Bequets, qui estoient friches, depuis plantez en vignes, le retraict n'en seroit pas aisé : & de mesmes aucuns des Fiefs sus-nommez, de difficile reconnoissance, s'estans meslez auec ceux des Seigneurs qui les possedent. Les anciennes alienations, pour rentes & censiues, ne sont plus retirables par leurs prescriptions.

Pour les choses spirituelles & honorifiques du Prieuré, ce sont les Patronnages de Saint Iacques, & S. Nicolas à Meulent, S. Pierre des Mureaux, S. Martin de Fresnes, S. Geruais & Saint Iean en Gréue à Paris, & de quelques Chappelles y fondées: Aussi de pouruoir de Chapelain Administrateur à l'Hostel-Dieu, qui souloit estre dans ledit Fort de Meulent. Ces Patronnages de Meulent & Paris, donnez par les Comtes de Meulent: Fresnes par vn Seigneur du lieu, auec les dixmes qui luy appartenoient d'infeodation: les Mureaux & dixmes par les Euesques de Chartres & leurs Archidiacres de Pinserais. Dās les tiltres le Prieur, & Religieux S. Nigaise sont Curez primitifs des Eglises de Meulent, & ont preéminence sur tous les Ecclesiastiques: cela reglé par vn notable Arrest transcript dans ce Recueil, confirmant ausdits Prieur & Religieux les droicts de faire les Offices en toutes solemnitez, dont la plus notable est celle de l'Ascension Nostre Seigneur, pour l'annuelle veneration publique des corps Saints, & des autres Reliquaires.

Vne lettre antique, sans datte, qui est de Galeran premier nom (Fondateur de l'Eglise & des Clercs y deseruans) portant cōfirmation de la fondation faite par son frere du Prieuré S. Cosme, proche ledit Fort de Meulent, pour les Moines Benedictins de Colombs, prés de Nogent le Roy vers Chartres, dit, à la charge que leur Abbé assistera annuellement à la feste S. Nigaise, y officiera pontificalement disant la grand' Messe, & precedera les autres Prelats qui ont accoustumé s'y trouuer. Cela fait connoistre que telle assemblée estoit fort celebre. Aussi se voit dans les vieils comptes du Domaine de Meulent, les payements de certaines aumosnes données aux Vicaires Royaux des Chapitres de Mante, & Ponthoise, pour venir à la feste S. Nigaise chanter la Kyrielle (c'est le mot ainsi écrit.) Cecy s'est obserué de mon temps: comme aussi à l'Ascension & Saint Nigaise, les sieurs Curez des Mureaux & Fresnes y seruoient de Diacre & Sous-Diacre: ils ont cessé au rétablissement des Religieux, pour leur laisser faire seuls leurs

Offices, estans en nombre suffisant, & n'auoir besoin de telle assistance.

La solemnité de l'Ascension merite d'estre icy décrite, selon qu'elle se fait à present, pour seruir de memoire à l'aduenir. Premierement l'Eglise tapissée & ornée selon la possibilité, pendant les premieres Vespres, les Religieux descendent de la haute Chappelle, la Chasse de S. Nigaise, que l'on pose au deuant du maistre Autel sur vn buffet de menuiserie fait exprés, & disposé en sorte que baisant la Chasse l'on passe par dessous: les trois autres Chasses de S. Quirin, S. Scuuicule, & de sainte Pience, sont au méme temps mises sur les Autels des Chapelles, & de mesme les autres Reliquaires, puis le lendemain dés le matin vient grande multitude de personnes pour assister aux Messes, & baiser auec attouchemens de Chapelets, toutes ces Chasses & Reliquaires: lesquels se posent sur brancards aussi bien que les chasses: beaucoup de Religieux sont cette matinée occupez à dire des Euangiles, l'Estole sur la teste des personnes qui le requierent, & appliquer le Cornet sainct Nigaise aux oreilles, disans les oraisons propres, où il y a tres-grand empressement de deuotions.

Sur les neuf heures, ou peu deuant, se rendent processionnellement à saint Nigaise, les trois Parroisses de la Ville, apportans chacun vn brancard de leurs Reliquaires, portez par jeunes garçons en aubes, des chapeaux de fleurs en teste. En mesme temps arriuent les Processions des villages, douze, quinze, & vingt. (En l'année 1641. que Monsieur l'Euesque de Chartres fit l'Office, il y auoit vingt-quatre processions, son Acte en fait mention, il est cy-apres inseré:) S'y rendent aussi les Freres de la Charité en corps, & les Reuerends Peres Religieux Penitens de Meulent. Ce faict l'on commence la Procession generale, sortant de saint Nigaise, & faisant le tour du Fort & de la Ville, par les grandes ruës bien nettoyées, par reuerence & par ordre de Police.

L'ordre de la procession (dirigée par le Prieur & Religieux qui en font l'Office le plus solemnellement qu'il leur est possible, assistez de quelques autres leurs Confreres Religieux de Paris ; S. Denis, Argenteuil, de Ponthoise, ou d'autres Maisons de leur Ordre & Congregation) commence par les Sonnettes & Banniéres des villages, puis en vn rang derriere à part, les trois Banieres de la Ville, apres marche le cliqueteur Bedeau, & la Baniere de la Charité, suiuie du Preuost portant la Croix : les porteurs de chandeliers à costé, & de rang deux à deux les autres Freres seruans, le porteur du Benoistier, & du corbillon à pain benit, & au derriere leur Chapelain : de suite cheminent les Reuerends Peres Religieux Penitens, precedez de leur grande Croix : apres vont en rang les Croix des villages, puis suiuent les Reliquaires des trois Parroisses de la Ville sur trois brancards portez (comme il est dit) par jeunes garçons en aulbes, & tauayolles, chapeaux de fleurs en teste, apres marchent nombre d'enfans bien enjolliuez, rangez, portans rameaux de lauriers en main, & les plus grands du derriere, quelques petits Reliquaires de S. Nigaise : Sont suiuis de trois brancards d'autres plus grands Reliquaires: Apres des quatre chasses, la premiere de sainte Pience, la 2. de S. Scuuicule, la 3. de S. Quirin, & la derniere grande & pesante d'argent doré, est de S. Nigaise, celle-cy portée par quatre des plus grands & forts jeunes hommes garçons, lesquels aussi bien que les autres porteurs des brancards & chasses de l'Eglise S. Nigaise, sont nuds pieds, reuestus de belles aubes passementées, auec tauayoles en escharpe, & tous chapeaux de fleurs en teste, les cheueux bien agencez : au derriere de la derniere chasse marchent encore trois jeunes hommes de mesme pareure, celuy du milieu portant vn Reliquaire du chef S. Nigaise, & les deux autres deux Soleils dorez, garnis de precieuses Reliques : apres vont les trois Croix de la Ville, & au derriere seule celle de S. Nigaise, accompagnée de deux Acolistes, portans deux chandeliers d'argent.

Ces Croix sont suiuies du Clergé, Prestres & Curez des villages, en deux rangs bien disposez, fermez par les trois Recteurs de la Ville, qui se nomment aussi Curez, & que nous disons nos Vicaires perpetuels (qui est vne question à decider) au derriere marchent à deux rangs les Religieux en froc, apres de suite leurs Chapiers, deux ou quatre, selon le nombre des Religieux, & de mesme les Diacres & Sous-Diacres doublez, s'il est besoin, & au derriere l'Officiant, soit le Prieur ou Sous-Prieur, ou bien quelque personnage de dignité, Regulier ou Seculier, que l'on aura inuité: Auquel mesmes pour augmenter Officiers, l'on donne à volonté pour Diacres & Sous-Diacres des Curez ou Prestres Seculiers, qui reçoiuent ces charges à deuote faueur, & par telle augmentation, les Religieux se trouuent plus grand nombre dans leur habit. Aux costez, & vn peu deuant l'Officiant, & derriere les Diacre & Sous-Diacre, l'on fait marcher deux enfans à rochet, ayans aussi chapeaux de fleurs en teste, portans l'vn l'encensoir, & l'autre la nauette: Ledit celebrant porte en ses mains vne antique Croix d'argent & d'or, où il y a de la vraye Croix de nôtre Seigneur: derriere luy l'on fait tenir vn Bedeau ou deux, pour arrester les empressemens du peuple dont les ruës sont bordées, outre les fenestres.

L'ordre des Seculiers suit, sçauoir Monsieur le Gouuerneur pour le Roy, accompagné de ses Officiers d'armes, Monsieur le President, Lieutenant General de la Ville & Bailliage, aussi assisté des Officiers de la Iustice: apres Messieurs les Escheuins, Bourgeois, & presque tous les Habitans: Comme aussi toutes les personnes venus à cette deuote ceremonie, hommes, femmes & enfans, l'on fait estat s'y trouuer plus de dix mil personnes. La Procession rentrant dans l'Eglise Saint Nigaise, sa Châsse est posée au portail sur pierres à ce disposées, le brancard faisant le trauers, en sorte que chacun du Clergé & assistans en la baisant, passent dessous en tres-venerable reuerence, pour rentrer dans l'Eglise, où se dit la grand' Messe par les Religieux tenans le chant, & leur Chantre vn baston d'argent, au haut duquel il y a vne Fleur de lys couronnée. Apres la communion du celebrant, il communie tous ces jeunes porteurs de châsses & de reliques, disposez & arangez en rond à genoux au deuant du grand Autel, s'estans tous pour cela preparez par la Confession. Cela leur fait esperer des graces de Dieu par les prieres des Saints en la conduite de leur vie, & particulierement à benir leurs Mariages de douceurs & prosperitez, l'on en apperçoit les benedictions. Ces porteurs de Chasses & Reliquaires, sont choisis, nommez & retenus par rolle qu'en font les Religieux, & chacun ce qu'il doit porter: ils sont continuez tant qu'ils l'agréent, & aduancez selon leur antiquité, hauteur, & disposition des corps pour les appareiller, les mariez cessent, & l'on remplit leurs places d'autre jeunesse propre de la Ville ou villages proches, y ayant presse à s'y offrir.

Apres l'Office acheué tous Messieurs les Ecclesiastiques s'en retournent processionnellement comme ils sont venus, aucuns demeurent pour Vespres, pendant lesquelles lors qu'on repete l'Antienne de *Magnificat*, l'on remonte les Chasses en leurs lieux, où ils demeurent toute l'année, s'il ne suruient quelque pressante necessité de faire extraordinaire procession generale, où il soit besoin d'auoir recours à nostre S. Patron, (comme il se fait à Paris enuers Sainte Geneuiefue, & en autres Villes, selon que Dieu y veut honorer les Saints.) A cette solemnité de l'Ascension, il y arriue souuent des Miracles en la guerison des malades, nostre Liuret imprimé en fait mention, & depuis des attestations assez autentiques: Il en arriue en tout autre temps par vœux, & pelerinages qui se font en cette Eglise, mesmes de lieux éloignez, sur le recit des graces receuës, dont Dieu veut épandre la gloire des Martyrs en leur Apostolat comme a esté S. Nigaise en cette contrée.

Ces Actes & pieces diuerses ont semblé plus historiales de les ranger selon leurs dattes, que d'en faire Chapitres, telle diuersité pourra mieux satisfaire le Lecteur.

PRISE DE POSSESSION DU Prieuré S. Nigaise à Meulent le 30. Iuillet 1620.

L'AN mil six cens vingt, le Ieudy trentiéme iour de Iuillet auant midy, en la presence de Nicolas Gars Tabellion Royal à Meulant, & des témoins cy-aprés nommez : Mesfire Mathieu Guiempel Prestre Curé de l'Eglise & Parroisse saint Iacques au Fort dudit Meulent, s'est transporté en l'Eglise & Prieuré de Monsieur saint Nigaise, au Fort dudit Meulent, Ordre de S. Benoist, Diocese de Chartres, où estant, Maistre Nicolas Dauanne, Clerc du Diocese de Roüen, Vicariat de Pontoise, pourueu par nostre S. Pere le Pape dudit Prieuré, luy auroit monstré, exibé, & mis és mains la signature de prouision à luy Dauanne faite par sa Sainteté dudit Prieuré Monsieur S. Nigaise, au Fort de Meulent, Ordre saint Benoist, Diocese de Chartres, par la resignation de Maistre Charles François, Clerc dudit Diocese de Chartres, dernier possesseur d'iceluy. *Datum tusculi tertio decimo Kalendas Iunij anno quinto decimo*, signée, *Concessum vt petitur in presentia Domini nostri Papæ F. V. Baldus*: sous cette clause. *Et cum expreßione, quod dictus orator examinatus & idoneus repertus de vita moribus, & idoneitate testimonium ordinarij, Parisiensi vbi à viginti annis morans trahit commendatur.* Et suiuant icelles Lettres de prouision, ledit Mesfire Mathieu Guiempel a mis ledit Dauanne en possesfion dudit Prieuré & anexes d'iceluy : & laquelle possession, ledit Dauanne a réellement & actuellement prise, entrant & sortant en ladite Eglise & Prieuré, ouurant & fermant auec les clefs la porte d'icelle Eglise, prenant de l'eau beniste & s'en aspergeant, comme aussi

aussi les assistans sonnant les cloches, fait sa priere deuant le grand Autel, baisant iceluy, ouurant & fermant les Liures, maniant les ornemens, entrant és maisons, édifices, court & jardin d'iceluy Prieuré, ouurant & fermant les portes dudit logis, & ayant pris les clefs d'iceluy des mains de Nicolas Bonneaux, Fermier & Receueur d'iceluy, qui luy a icelles liurées, & en outre fait par ledit Dauanne plusieurs autres actes & ceremonies à vraye, réelle & actuelle possession appartenant laquelle prise de possession susdite, ensemble la resignation dudit François : ledit Me Mathieu Guyēpel a à l'instant à haute & intelligible voix publiez aux assistans, où personne ne s'est opposé ny donné aucun empeschement. Ce fait ladite signature de prouision a esté par ledit Me Mathieu Guyempel remise és mains dudit Dauanne, dont & de tout ce que dessus, iceluy Dauāne a requis acte audit Gars Tabelliō susdit, octroyé ainsi que de raison, fait és presences de discretes personnes Messires Marguerin Beloy & Cristophle Pailleur, Prestres habituez au Fort dudit Meulent, Me Gilles Moreau Clerc deseruant audit lieu, honorables hommes Me Iean Colé Aduocat en Parlement, Christophle Gars l'aisné, Guillaume Gars fils de Iean, Marchands, demeurans audit Fort, Iacques Barbot Sergent, Me Pierre de la Roque Controlleur des marchandises passans sous les Ponts dudit Meulent, & Aubert Veteüeil Sergent Royal audit Meulent, & autres tesmoins, lesquels dessus nommez, auec ledit Guyempel & ledit Dauanne, ont signé à la minute des presentes, pour satisfaire à l'Ordonnance. Signé, N. GARS.

Prise de possession du Prieuré nostre Dame du Pré, dite de Bonnes-Nouuelles à Rouen, traduite du Latin, 16. Aoust 1624.

MOY Nicolas le Preuost, Notaire & Tabellion Iuré Apostolique en la Cour Archiepiscopale de Roüen, immatriculé en chacun Siege, selon les Edicts du Roy, A tous ceux qui auront interest au fait des presentes, par icelles fais foy & attestation que Noble & discrete personne Monsieur Me Nicolas Dauanne Prestre du Diocese de Roüen, pourueu en commende du Prieuré Conuentuel (non électif) de Nostre Dame du Pré, autrement nommé de Bonnes-Nouuelles proche Roüen, Ordre S. Benoist, audit Diocese de Roüen; par resignation de Noble & discrete personne Me Cicard de Gachis Prestre, à cause toute-fois de permutation du Prieuré Conuentuel S. Pierre de Parthenay le vieil du mesme Ordre, Diocese de Poictiers (que par concession Apostolique ledit sieur Dauanne tenoit) faite audit Prieuré de Bõnes-Nouuelles s'est aujourd'huy Vendredy 16. iour d'Aoust 1624. sur les 8. heures du matin transporté audit Prieuré, où estant, s'est adressé à Dom Pierre de Guyenro Prestre, Sous-Prieur audit Prieuré, qui auroit assemblé en Chapitre les Religieux, où estoient ledit Guyenro Sous-Prieur, Doms Robert Vaultier, Loüis Garin, Claude Mahiet, Iean de Croisy, & Geruais Valée Prestres, en presence des témoins apres nommez, assistans au milieu de l'Eglise dudit Prieuré, & en la presence de tous, ledit sieur Dauanne de ses mains m'auroit presenté les Lettres Apostoliques de Rome; données à saint Pierre l'an de l'Incarnation nostre Seigneur 1624. le 6. des Calendes de Iuin par nostre saint Pere le Pape Vrbain VIII. premiere année de son Pontificat, signées Aubry, scellées en plomb à lacs de soye jaune & rouge, selon l'vsage de Cour de Romaine, contenans la prouision à luy faite dudit Prieuré de Bonnes-Nouuelles, me requerant proceder à l'execution, & le vouloir mettre en possession d'iceluy, à quoy obtemperant ; Ayant aussi veü auec icelles Bulles Apostoliques, la Commission de Noble & circonspecte personne Mr Me Denis le Blanc Prestre, licentié és Loix, Chanoine & Archidiacre de Brie, en l'Eglise Metropolitaine de Paris, Iuge & Official d'icelle, & Grand Vicaire ordinaire de Reuerend Pere en Dieu Monsieur IEAN FRANÇOIS DE GONDY, par la grace de Dieu & du saint Apostolique Archeuesque de Paris, delegué par les mesmes Bulles pour Iuge & executeur d'icelles : Ladite Commission dattée du 18. Iuillet dernier, adressante à tous Notaires Apostoliques, auec pouuoir de mettre ledit Dauanne ou procureur pour luy en possession dudit Prieuré de Bonnes-Nouuelles : lesquelles Bulles & Commission j'ay à haute & intelligible voix leuës de mot à mot ; Quoy fait i'ay procedé à ladite possession requise par ledit Dauanne, qui est entré librement par la grand' porte de l'Eglise : de là au grand Autel, conduit par ledit sous-Prieur & Religieux, & plusieurs autres presens & assistans, fait sa priere à genoux, baisé & touché ledit Autel, sonné les cloches, manié les Calices, Messels, & les ornemens Sacerdotaux dans la Sacristie. Ce fait retourné au Chœur & l'ay instalé en la chaise Priorale, & de mesme au lieu tenu pour Chapitre : & apres entré aux lieux & maisons tels qu'ils sont de present audit Prieuré ; & en tout fait les autres ceremonies accoustumées és possessions Ecclesiastiques, & fait les publications ordinaires ausdits Religieux & assistans, où personne ne s'est opposé, ny contredit : Et ont aussi lesdits sous-Prieur & Religieux, auec contentement, reçeu & approuué ledit sieur Dauanne pour Prieur Commendataire dudit Prieuré de Bonnes-Nouuelles, presens à tout ce que dessus, Noble homme Maistre Nicolas Nalot Payeur de la Gendarmerie de Normandie, Receueur des biens dudit Prieuré : Maistre Iacques Crespin Notaire & Tabellion Royal à Roüen, l'vn des Vassaux dudit Prieuré, François Taillant,

Noël Osmont domestiques d'iceluy,& Sulpice Verneüil,auec plusieurs autres témoins qui ont signé, & ledit sieur Dauanne Prieur Commendataire en la minute des presentes,auec moy Notaire Apostolique sous-signé, LE PREVOST.

Instalation des Religieux de la Reforme Benedictine, au Prieuré de Nostre Dame de Bonnes-Nouuelles le 11. Aoust 1626.

L'AN de grace mil six cens vingt-six, le Mardy 11. iour d'Aoust, Nous Iean Quatresols Prestre, Docteur en Theologie, Chanoine & Penitencier en l'Eglise Cathedrale Nostre Dame de Roüen, & Vicaire General en spirituel & temporel de Monseigneur le Reuerendissime Archeuesque de Roüen, Primat de Normandie : Ayant esté requis par noble & discrete personne Maistre Nicolas Dauanne Prestre Prieur Commendataire du Prieuré Conuẽtuel nostre Dame de Bonnes-Nouuelles lez Roüen,dependant de l'Abbaye nostre Dame du Bec Ordre S. Benoist, en ce Diocese de Roüen, nous transporter audit Prieuré de Bonnes-Nouuelles, pour ainsi que disoit ledit sieur Prieur en execution de certain jugement rendu par Monsieur Maistre François Theuin, Seigneur & Comte de Sorges, Vicomte de Moreau, Baron de Bohardy, Cheualier, Conseiller du Roy en ses Conseils d'estat & Priué, Maistre des Requestes de son Hostel,Commissaire deputé par sa Majesté, pour l'establissement de la Reforme esdites Abbaye & Prieuré, conformément à l'Arrest dudit Conseil Priué de sa Majesté, donné sur l'aduis & Ordonnance de Monseigneur le Cardinal de la Roche-Foucault. Ledit sieur Archeuesque de Roüen & l'Euesque d'Angers sur ladite Reforme; instaler audit Prieuré de Bonnes-Nouuelles les Peres Religieux de la Congregation dudit Ordre saint Benoist, à cette fin enuoyez par leurs Superieurs des Abbayes & Maisons de Iumieges, Paris, & Meaux.

Nousdit Vicaire General sommes partis de la ville de Roüen ledit iour & an, sur les huict heures & demie du matin, pour nous acheminer audit Prieuré, appellé auec nous Maistre Nicolas le Preuost Notaire Apostolique, & commis au Secretariat de l'Archeuesché de Roüen : Auquel lieu nous estans rendus sur les neuf heures, & estans proche de la grande & principale porte de l'enclos dudit Prieuré, s'est presenté à nous ledit sieur Dauanne Prieur, lequel en la presence de religieuses personnes Doms Pierre de Guyenro sous-Prieur audit Prieuré, Robert Vaultier, Iean de Croisy, Claude Mahiet & Geruais Valée, Religieux residents audit Prieuré : Comme aussi de Dom Loüis Piperey grand Prieur claustral de ladite Abbaye du Becq, Nicolas Garin Bailly, dit Iustice, & Iacques le Huré, Maistre des Nouices, tous Prestres & Religieux de ladite Abbaye du Bec : iceux Piperey, Garin, & le Huré, disans eux estre exprés transportez en cedit Prieuré, aux fins de ladite instalation, laquelle ils ont vnanimement declaré consentir & agréer au desir dudit sieur Dauanne, lequel persistant en sa Requeste & demande, que conformément à icelle il nous plût proceder à l'instalation audit Prieuré des personnes de Doms Charles de Malleuille, Iean Des-Vaux, Pierre Beziard, Colombain de Lesdos, Iacques Beausault, Aicadre Picart, & Paul de Riuerey, tous Religieux respectiuement profez desdites Maisons de Iumieges, Paris & Meaux : pour cet effet enuoyez par leurs Superieurs conduits & amenez en ce lieu par Dom Colombain Regnier Religieux profez, Maistre des Nouices de ladite Abbaye de Iumieges : Ouyes lesquelles requisitions, raisons, consentement & declarations susdites, & apres que lesdits Peres Religieux enuoyez, parlans par ledit Regnier, ont reconnu iceux estre partis de ladite Abbaye de Iumieges, de la licence de leurs Superieurs, pour à sa conduite eux acheminer en cedit Prieuré y demeurer & viure selon leur Institut : Auquel Prieuré de leur part ils supplioient tres-humblement d'estre instalez. VEV aussi le Iugement dudit sieur Theuin Commissaire, du 20. Février dernier, l'Arrest dudit Conseil

Priué du 22. Mars 1622. donné sur ledit aduis. De l'authorité de mondit Seigneur l'Archeuesque de Roüen (de laquelle vsons en cette partie) Auons instalé & instalons par ces presentes audit Prieuré de Bonnes-Nouuelles, lesdits de Malleuille, des-Vaux, Beziart, de Lesdos, Beausault, Picard, & de Riuerey, pour y demeurer & viure sous la conduite & direction dudit de Malleuille leur Superieur. Aux fins de laquelle instalation tous les dessusdits Religieux sont partis de ladite grande & principale porte, & processionnellement marchans deux à deux, chantans vne Antienne propre, sont allez à l'Eglise dudit Prieuré, assistez dudit sieur Prieur commendataire, & suiuis de grande quantité de peuple, qui tant de cette ville de Roüen que des lieux circonuoisins estoient presens à cette ceremonie, & estans paruenus à la porte de ladite Eglise, les auons benignement receus & admis, & presenté l'eau beniste: & ainsi processionnellement marchans & chantans, les auons conduits au Chœur d'icelle Eglise, où estans auons chanté l'Hymne *Veni Creator*, le Cantique *Te Deum laudamus*, & auons dit les oraisons propres: & icelles finies, a esté solemnellement celebré par ledit Pere Colombain Regnier, la Messe à Diacre & sous-Diacre, lesdits Religieux nouuellement instalez tenans le Chœur, & conjointement auec tous les autres Religieux susdits, chantans l'Office: laquelle Messe celebrée & acheuée, auons conduit lesdits Religieux enuoyez, au lieu Capitulaire, où les auons instalez & exhortez à vne mutuelle amour & charité fraternelle: & de là les auons menez & conduits dans les lieux reguliers d'iceluy Prieuré, où les auons laissez pour y viure selon leurs Institutions, professions, accords & reglemens faits entr'eux & les Religieux du Becq & dudit Prieuré. Sauf en tout les droicts de Mondit-Seigneur l'Archeuesque, & de qui il appartiendra. En tesmoin dequoy nous auons signé ces presentes: icelles fait contresigner par ledit le Preuost Secretaire, pour par luy en estre deliuré autant, quand & à qui, & ainsi qu'il appartiendra. Fait comme dessus, à ce presens Noble hôme & discrete personne Maistre Nicolas Brice aussi Prestre & Chanoine en ladite Eglise de Roüen : Noble homme Mᵉ Iean Brice Conseiller du Roy & Auditeur en la Chambre des Comptes à Roüen : Iacques de Piperey, Escuyer, sieur de Montheroult Conseiller du Roy, & General des Monnoyes de sa Majesté en Normandie, Receueur general dudit Prieuré : Mᵉ Robert Sez, Greffier esdites Monnoyes, & plusieurs autres à ce pris & appellez Signé, QVATRESOLS, Vicaire General, & LE PREVOST.

Pour l'Institution à Bonnes-Nouuelles d'vne Congregation d'Escholiers, à peupler de Religieux les Monasteres le 29. Nouembre 1629.

A Monseigneur l'Illustrissime & Reuerendissime Archeuesque de Roüen, Primat de Normandie.

NICOLAS DAVANNE Prestre, Prieur Commendataire du Prieuré Conuentuel Nostre Dame de Bonnes Nouuelles lez Roüen, Remonstre tres humblement à vostre pieté, Qu'ayant depuis peu d'années par le commandement de vostre soin Pastoral, reparé cette Maison, tant en bastimens qu'en discipline reguliere, par l'introduction des Peres Benedictins de la Congregation de Saint Maur, la deuotion s'y feroit grandement accreuë, & nombre de deuots Escholiers y frequentans, se seroient émeuz de faire entr'eux vne petite Confraternité pour dés leur jeunesse s'accoustumer à la vertu, & se retirer des desbauches où leur âge les pourroit porter, dont ayans conferé au Suppliant, il leur auroit escrit quelques petites Regles, dequoy ayant communiqué à Monsieur Halier vostre grand Vicaire & Penitencier, il leur en auroit verbalement accordé l'essay, attendant qu'il vous en eust esté fait requeste, & que ces bons Enfans eussent fait choix d'vn

Directeur pour auoir soin d'eux. Or le Suppliant s'en estant chargé, & pour cas d'absence, pris pour Ayde l'vn des Peres Religieux de sondit Prieuré, voit par experience le fruit qui arriue de cette petite societé, que les Peres du College loüent grandement, s'apperceuans qu'outre la modestie de ces Enfans, ils en sont plus ardens en leurs Estudes. A CES CAVSES, & veu ces petites Regles, qui ne tendent qu'au bien de la jeunesse, sans nul diuertissement des debuoirs Ecclesiastiques ou Seculiers, ny oblygation à peine de peché. Il plaise à vostre debonnaireté les agréer, & d'en permettre l'exercice, & le Suppliant auec ces deuots Enfans, feront de plus en plus obligez à continuer leurs feruentes prieres à Dieu pour vostre prosperité. Signé, N. DAVANNE.

Aprés suit les Regles de cette Societé, intitulée, Imitation de l'Enfance de IESVS, *sur ces paroles de Sainct Luc 2.* Iesus proficiebat sapientia & ætate apud Deum & homines.

Et en fin est l'Approbation dattée du 29. Nouembre 1631. à Roüen, estant Administrateur de l'Archeuesché Mre Henry de Boiuin Euesque de Tarse, Coadjuteur d'Auranches, Maistre Pierre Acarie, & Monsieur Halier Grands Vicaires.

Permißion de Sepulture & fondation à la Damoiselle de Marbeuf le 5. Decembre 1631.

CONtract deuant Abraham Theroulde & Ysaye Helie Tabellions à Roüen, du 5. Decembre 1631. Contenant que Me Nicolas Dauanne Prieur Commendataire du Prieuré Conuentuel nostre Dame de Bonnes-Nouuelles, Dom Pierre de Guyenro & Iean Croisy, anciens Religieux, Dom Grabiel Theroude

Theroude, Prieur Clauſtral, Doms Nicolas Dagueron, Lucien Lambert, Ildephonſe Vrayet, Auguſtin de Broiſe, Anthoine le Vilain, & Bernard le Lanternier Religieux dudit lieu, auroient octroyé à Damoiſelle Marie de Marbeuf, fille Majeure, pour ſa deuotion de poſer ſepulture, pour elle & ſa famille, qu'elle auroit deſigné en vne caue à faire en l'arcade de la Chappelle ſainte Anne, fondé Meſſe par ſemaine, & vn Obit le lendemain de la feſte des Morts : Qu'elle pourra décorer la Chapelle, ſans proprieté, &c. Et pour ce donné cent liures de rente, énoncez audit Cõtract. Sa Mere Madamoiſelle Deſquetot premiere decedée, y a eſté inhumée, depuis vn beau-frere, elle apres. *Requieſcant in pace.*

Fondation à Noſtre Dame de Meulent le 23. Nouembre 1628.

PARDEVANT Michel Bertault Subſtitud Iuré, Commis au Tabellionnage Royal de Meulant, fut preſent Maiſtre Nicolas Dauanne Preſtre, Prieur du Prieuré S. Nigaiſe, au Fort de Meulent, Noſtre Dame de Bonnes-Nouuelles lez Roüen, & de Iambeuille, demeurant audit Prieuré S. Nigaiſe, lequel a dit & declaré, que pour la deuotion qu'il a enuers l'Egliſe Paroiſſiale Noſtre Dame de Meulent, où il a receu le S. Bapteſme, & où ſont inhumez Guillaume Dauanne, viuant Archer des Gardes du Corps du Roy, & Marguerite Charles ſes pere & mere, il fonde à leur intention, & de luy, apres ſon deceds, en ladite Egliſe, vn Obit de trois Meſſes, auec Vigiles precedentes, pour eſtre celebré le Vendredy des Quatre-Temps de Decembre, & en fin d'iceluy, eſtre deuant le Crucifix (qui eſt le lieu de la ſepulture deſdits defuncts, où ſera poſé la repreſentation) dit & chanté le *Libera*, *Deprofundis*, & prieres accouſtumées, lequel Seruice ſera anoncé au Prône le Dimanche precedent, & ſonné la veille & iour par le tintement de deux groſſes cloches, par cent coups, sans aucune volée, pour lequel Seruice, la Fabrique fournira le Luminaire conuenable, & les ornements, selon la coustume, & distribuëra au sieur Curé trente sols, aux Prestres celebrans, huict sols chacun, aux Prestres assistans chacun cinq sols, & au Clerc pour son assistance & sonnerie seize sols. Plus fonde vn Salut solemnel qui sera dit & chanté par chacun an, le Dimanche des octaues de l'Ascension Nostre Seigneur, à sept heures du soir, où le sainct Sacrement sera exposé auec luminaires conuenables : Et en fin d'iceluy Salut, sera chanté deuãt le Crucifix la Prose *Languentibus in Purgatorio*, vn *De profundis* en faux bourdon, l'Oraison, *Retribuere & Fidelium*, à l'intention desdits defuncts & dudit Fondateur, pour lequel Salut sera distribué par ladite Fabrique audit sieur Curé, quinze sols, aux Prestres assistans chacun huict sols, au Clerc pour assistance & sonnerie à l'ordinaire, dix sols, & à chacun petit garçon portant surpelis, vn sol, & au Bedeau cinq sols, outre la fourniture dudit luminaire & ornemens conuenables: pour commencer ledit Seruice le Vendredy des Quatre Temps de Decembre prochain, & ledit Salut le Dimanche dans les octaues de l'Ascension aussi prochaine. Et pour accomplir lesdites fondations, ledit sieur Dauanne a par ces presentes fait don, cession, & delaissement auec promesse de garantie à ladite Eglise Nostre Dame de Meulent de quinze liures tournois de rente, payables par chacun an, le iour & feste S. Martin d'Hyuer, à luy constituez par Bail de 66. perches deux tiers de vignes, en vne piece proche Horseaux, tenant des deux costez aux Rolants, d'vn bout Iacques Froment, & d'autre bout par bas le chemin : Ledit Bail fait par ledit sieur Dauanne à defunt Denis Bourgeois & Anne Rolant sa femme par contract passé deuant Michel Huré Cõmis de Henry Meriel Tabellion Royal à Meulent, le 17. Ianuier 1617. pour de ladite rente receuoir l'année escheuë au iour saint Martin dernier passé, de Claude Bourgeois Laboureur, demeurant à Tessancourt, tuteur des enfans dudit Denis Bourgeois & d'Anne Rolant : & laquelle rente par ledit contract est rachetable de deux cens cinquante liures en deux payemens : Lesquelles susdites fondations aux charges & conditions exprimées, ont esté aceptees pour & au nom de ladite Eglise & Fabrique par Me. Nicolas Morant, Prestre, Curé d'icelle, Maistre Claude Ioysel Aduocat en Parlement, Loüis de Fresnes, & Robert Dagory Marchands, demeurans audit Meulent, Marguilliers, estans en charge à present : ausquels sieurs Marguilliers, ledit sieur Dauanne a presentement deliuré ledit contrrct de rente, & luy est permis faire mettre en ladite Eglise au premier pillier de la Nef, opposite à la chaise du Predicateur, ou en autre lieu commode, vne pierre ou Epitaphe grauée, contenant ladite fondation : Et au cas que ladite rente vint à estre rachetée, lesdits Marguilliers & Fabrique seront tenus la remplacer en bonne assiete de rente, pour continuer la presente fondation, Car ainsi, &c. Promettans, &c. obligeans, &c. ledit sieur Dauanne pour ladite garentie, tous & chacuns ses biens, & lesdits sieurs Curé & Marguilliers pour l'entretenement de ladite fondation ceux de ladite Eglise & fabrique seulement, renonçans &c. Fait & passé en ladite Eglise Nostre Dame de Meulent, en presence de Maistre Claude Gerenton, Promoteur en l'Officialité de Ponthoise, Maistre Simon de Gamaches Procureur du Roy audit Meulent, Antoine Taillepied, & Guillaume Charles Marchands, demeurans audit Meulent, tesmoins, qui ont auec lesdites parties & Commis, signé la minute des presentes, le Ieudy 23. iour de Nouemhre 1628. auant midy.

Signé, BERTAVLT.

Fondation à la Confrairie du Nom de IESVS, *erigée en l'Eglise sainct Iacques au Fort de Meulent, le 13. Mars 1637.*

PArdeuant Simon Doullé, Notaire & Tabellion Royal en la Ville, Comté & Bailliage de Meulent, fut present en sa personne Maistre Nicolas Dauanne Prestre, Prieur du Prieuré S. Nigaise, au Fort de Meulent y demeurant: lequel pour l'amour & deuotion qu'il a enuers la deuote Confrairie du Saint Nom de IESVS, establie puis n'aguéres en l'Eglise Parroissiale de saint Iacques audit Fort de Meulent, par le soin & poursuites du sieür Curé dudit lieu, & de luy. Et pour ayder à subuenir aux frais du Seruice diuin, entretien du luminaire, ornemens & décorations de la Chapelle, A par ces presentes fait don irreuocable à ladite Confrairie, ce acceptant par Messire Gilles Moreau Prestre, Curé de ladite Parroisse Maistre Simon Pailleur, & Noël Patin, Administrateurs d'icelle Confrairie, sept liures tournois de rente, payables par chacun an, le premier iour d'Avril, auec l'année qui en sera deuë ledit iour prochain, constituez par defunt Maistre Loüis Patin Procureur à Meulent, & Marie Gouhier sa femme, solidairement par Contract passé deuant Gilbert Pailleur, Commis du Tabellion Royal audit Meulent, le premier Avril 1610. à defunct Messire Antoine le Camus,, viuant Cheualier, Seigneur de Iambeuille, Conseiller d'Estat, & President en la Cour de Parlement de Paris, pour eschange d'autre rente, qui appartenoit à Dame Marie le Clerc son espouse, mentionnée audit contract, & lesquels sept liures de rente, qui sont rachetables de cent douze liures tournois en principal, appartiennent audit sieur donateur, par transport à luy fait par ladite Dame Marie le Clerc, passé deuant Motelet & Herbin Notaiées à Paris, le 8. Auril 1630. Lesquels Contracts de constitution & transport, ledit sieur donateur a presentement mis és mains desdits sieurs Pailleur & Patin pour recouurer payement d'icelle rente, & apres le temps de leur administration, les deliurer auec la presente donation entre les mains de leurs successeurs en ladite charge. Ladite donation faite à la charge que ladite rente ne pourra estre venduë ny engagée, & en cas de rachapt les deniers en seront r'employez en rente, par l'aduis desdits sieurs Curé & Administrateurs, où leurs successeurs, appellé auec eux deux des plus anciens & qualifiez Confreres.

ITEM, à la charge que lesdits Administrateurs & Confrairie, seront tenus faire dire & celebrer par chacun premier iour de l'An (qui est la Feste principale d'icelle Confrairie) vn Salut solemnel en l'Autel d'icelle Confrairie, où sera exposé le tres-sainct Sacrement, auec luminaire & ornemens conuenables, & qui sera commencé à heure commode, pour estre finy auant iour failly, & en fin dit à l'intention dudit donateur pendant son viuant, l'Antienne *Domine non secundum*, & l'Oraison *Retribuere*, & apres son deceds, changez au Pseaume *De profundis*, & l'Oraison *Inclina*: Plus sera aussi dit par chacun an, le lendemain dudit iour de l'An, ou autre suiuant, non empesché d'Office, vne Messe basse du Nom de IESVS audit Autel, à mesme intention dudit donateur pendant sa vie, & apres son deceds, conuertie en vne Messe basse de *Requiem*. Et afin que ledit sieur Dauanne puisse estre aux prieres des Confreres qui assisteront audit Salut, le sieur Curé ou Officiant, auant que le commencer, en se retournant vers le peuple, leur anoncera que ce Salut est de la fondation dudit donateur, qu'il recommandera à leurs deuotes prieres, & les aduertira à quel iour & heure on dira la Messe pour mesme intention. Lesquelles choses ledit sieur Curé & Administrateurs presens, & au nom d'eux & de leurs successeurs en ladite administration, promettent faire accõplir. Car ainsi, &c. promettans, &c. obligeans esdits noms, &c. Renonçans, &c. Fait & passé audit Prieuré S. Nigaise à Meulent le 13. iour de Mars 1637. apres midy, en presence de Sulpice Verneuil & Pierre Bien-venu, demeurans audit Fort de Meulent, témoins, qui ont auec les dessus-nommez, signé en la minute des presentes. Signé, DOVLLE.

Et le quatriéme iour de May 1639. auant midy, est comparu ledit sieur Dauanne, lequel pour éclaircir son intention en la dispensation de la donation & fondation cy-dessus, a declaré en la presence & du consentement dudit sieur Curé & Pailleur & Patin, Administrateurs de ladite Confrairie, qu'il entend que lesdits Administrateurs sur les deniers qu'ils receuront de ladite rente, deliurent par chacun premier iour de l'An audit sieur Curé, ou Officiant en son lieu au Salut sus mentionné, vingt sols tournois : aux deux Prestres Chapelains, chacun cinq sols, au Clerc pour sonnerie & assistance dudit Salut huict sols tournois : plus à celuy qui celebrera le lendemain la Messe que l'on dira haute, & non basse, comme il estoit dessus écrit, afin d'estre plus solemnelle, douze sols tournois. Ausdits deux Prestres Chappiers, chantans derriere, chacun deux sols, & si ledit sieur Curé est l'vn d'iceux, aura quatre sols, & au Clerc pour sonnerie & assistance d'icelle Messe, quatre sols, reuenant le tout à cinquante-huict ou soixante sols : le surplus de ladite rente demeurant pour le luminaire, ornemens & vtilité de ladite Confrairie. Ce que dessus ainsi declaré & ordonné par ledit sieur Dauanne, pour éuiter à toutes contentions, dont il a voulu faire le present Acte adjoûté audit Contract, en presence de Mᵉ Nicolas Iosset Prestre, & Sulpice Verneüil demeurans à Meulent, témoins, qui ont auec ledit sieur Dauanne, Curé, Administrateurs, & Tabellion, signé la minute des presentes, suiuant l'Ordonnance, les an & iour dessusdits. Signé, DOVLLE.

Fondations à Iambuille pour la Dame le 11. Nouembre 1639.

A TOVS ceux qui ces presentes Lettres verront, Nicolas le Clerc, Conseiller du Roy, & Maistre ordinaire en sa Chambre des Comptes, Seigneur de Lesseuille, Euesquemont & Thun, Garde du Seel en heredité au Comté & Bailliage de Meulent: Salut. Sçauoir faisons, que pardeuant Pierre Hibouſt Substitud pour l'absence de Simon Doullé Notaire & Tabellion Royal en la Ville, Comté & Bailliage dudit Meulent, fut presẽte en sa personne Haute & puissante Dame, Dame Anne le Camus, Marquise de Maillebois, Dame de Iambuille, Mallemaison, Breüil, Antheüil, Romeny, Mesy, & autres Seigneuries, l'vne des Dames d'honneur de la Royne Mere du Roy, & de la Royne regnante: femme, espouse & authorisée de Haut & Puissant Seigneur Messire Claude Pinard, Cheualier, Conseiller du Roy en ses Conseils d'Estat & Priué, Gentilhomme ordinaire de sa Chambre, Capitaine de cinquante hommes d'Armes de ses Ordonnances, Sire de Cramailles, premier Baron de Vallois, Marquis de Comblisy, & de Loupuois, Seigneur de Villethiery, Ville-Sauoye, Mont S. Martin, Voreilles & Chasnay en Poictou, suiuant le pouuoir & procuration dudit Sieur son Espoux, passé deuant Tournemye & le Caron, Notaires à Paris, le 5. des present mois & an, dont est aparu, & demeuré és mains d'icelle Dame, laquelle pour executer le Testament & ordonnance de derniere volonté de defuncte Dame Marie le Clerc sa Mere, viuante Dame de Iambuille, du Couldray, Neufuille, S. Sauueur, la Goufferie, & dudit Mesy: Et lors de son deceds veufue de feu Messire Antoine le Camus, viuant Cheualier, Conseiller du Roy en sesdits Conseils, & President en la Cour du Parlement de Paris, Seigneur dudit Iambeuille, la Mallemaison, Breüil, Antheüil,

Romeny, dudit Maillebois, Bleuy, & autres lieux. A par ces presentes fondé & fonde en l'Eglise & Fabrique Nostre Dame dudit Iambeuille (dont les Prieuré & Cure, sont au Patronnage de la Seigneurie dudit lieu.) Ce acceptant par Iean Truffault, & Iean Verneüil, Marguilliers de ladite Eglise, pour ce presens, en la presence & du consentement ne Maistre Nicolas Dauanne Prestre, Prieur dudit lieu, l'vn des executeurs du Testament de ladite defunte, & de Maistre Iacques Adam, Prestre & Curé de ladite Parroisse, les Messes, Seruices, & prieres telles que ladite deffunte Dame de Iambeuille a ordonnez, & specifiez par sondit Testament, escrit & signé de sa main, dont a esté presentement fait lecture; pour l'accomplir de poinct en poinct, selon le sens & intention d'iceluy. C'est à sçauoir, Que chacun Lundy de l'année sera dit, & celebré en ladite Eglise Nostre Dame de Iambeuille, parledit sieur Curé ou autre Prestre, s'il estoit occupé à heure ordinaire de huict à neuf heures, selon les saisons conuenablement, vne Messe basse de *Requiem*, ou du iour s'il est Feste, & à la fin vn *Libera*, *Deprofundis*, & Oraisons sur la fosse, ou les cœurs desdits defunts Sieur & Dame de Iambeuille sont enterrez; laquelle Messe se sonnera par le tintement des cloches, apres auoir sonné à l'ordinaire, pour en quelque sorte diferer de la sonnerie ordinaire des autres iours, & sera sur ce sujet dit & nommée la Messe pour Monsieur de Iambeuille, & s'il aduenoit feste, mortuaire, ou empeschement notable, les Lundis, sera transferée au lendemain ou iour d'aprés dans la sepmaine. Plus qu'il sera dit par chacun an deux seruices de Vigiles Recommandaces, & vne Messe haute de *Requiem*, annoncez le Dimanche précedent, l'vn à pareil iour du deceds de ladicte deffuncte Dame, qui fut le 21. Iuillet dernier, & l'autre à pareil iour que decedera ladicte Dame Marquise, & en fin le *Libera*, *Deprofundis*, & Oraisons accoustumées; & pendant la vie d'icelle Dame Marquise, la Messe pour elle se dira au iour qu'elle l'ordonnera. Item qu'il sera dit par chacun an en ladite Eglise le 4. iour Nouembre, pareil iour du deceds dudit feu

Seigneur.

Seigneur de Iambeuille, en l'année 1619. vn Seruice de trois Messes hautes : la premiere, du S. Esprit: la seconde, de Nostre Dame : la troisiéme, de *Requiem*, auec le *Libera, Deprofundis*, & Oraisons conuenables, sur ladite fosse, & le iour précedent ou le matin auant les Messes, on dira les Vigiles, Recommandaces, & Oraisons ordinaires, lequel Seruice sera sonné le soir precedent à l'ordinaire, & le Dimanche auant iceluy ledit sieur Curé en son Prosne en aduertira les assistans, faisant les prieres pour lesdits defuncts, & pour ledit sieur Marquis de Comblizy, & ladite Dame Marquise son Espouse : Comme aussi fera les mesmes prieres à leurs intentions, à l'offertoire des Messes de Pasques, Penthecoste, la Toussaincts, & Noël.

ITEM, ledit iour de la Toussaincts par chacun an aprés les Vespres & Complies de la Parroisse, ledit sieur Curé dira autres Vespres des Morts, auec le *Libera* & *Deprofundis* à mesme intention desdits deffuncts, lors desquels Seruices sera mis la representation sur ladite fosse, auec quatre torches ou cierges à l'entour, & deux cierges sur l'Autel, aux despens de la Fabrique, les fournissans par lesdits Marguilliers : qui seront tenus payer, & satisfaire lesdits sieur Curé, les Prestres, & le Clerc, de ce qu'il leur conuiendra raisonnablement. Pour toutes lesdites Messes, Seruices, Prieres & Recommandations des Prônes, l'vn desquels Marguilliers celuy qui sera en Semaine, assistera ausdits Seruices, dont le soir précedent il yra au Chasteau en aduertir les Seigneur ou Dame, ou leurs Receueurs en leur absence. Fourniront en outre lesdits Marguilliers, pain, vin, ornemens & luminaire necessaire pour toutes les autres Messes cy-dessus fondées, dont ils feront estat sur leurs comptes, comme des salaires payez ausdits sieur Curé, Prestres & Clerc, qu'ils coucheront en despense, ainsi qu'ils feront de la recepte & reuenus des heritages apres declarez, donnez & delaissez à ladite Eglise & Fabrique, par ladite Dame de Iambeuille, par sondit Testament, dont ladite Dame Marquise fait presentement deliurance ausdits Marguilliers, du fonds & proprieté, aux conditions aussi cy-apres declarées, ainsi que ladite defunte l'a ordonné, desquels heritages la declaration ensuit, qui se montent à treize arpens, quatre-vingts perches, qui sont baillez sans aucune mesure ny garentie, ains en ioüiront comme faisoit ladite Dame. Premierement trois arpens au terroir de Montalet, lieu dit la Masure des quatre vents, tenans d'vn costé les heritiers Guillaume Patin, d'autre costé le chemin de Galüis, d'vn bout Anselme Verneüil, d autre bout la Terre de la Fondeuze, en champart de Iambuille. Item, trente perches en ce mesme lieu, tenans d'vn costé ledit Anselme Verneüil, d'autre Ieã de Lesche, d'vn bout le chemin de Galüis, & d'autre ladite Dame, en mesme champart. Item, arpent & demy de terre sur la plante Giroust, d'vn costé ladite plante, d'autre les pastis, d'vn bout le sieur de la Fye, & d'autre bout les Gars, mesme champart. Item, vn arpent de terre au Noyer Massé, d'vn costé les heritiers Florent du Viuier, d'autre costé, & bout les heritiers Mareschaux, & d'autre bout les heritiers Martin du Iardin, à vingt deniers parisis de censiue à Iambeuille. Item arpent & demy de terre, faisant partie de plus grande piece sur les vignes de Rueil, à prendre ledit arpent & demy, d vn costé la terre de l'Eglise, d'autre costé les vignes, d'vn bout, le surplus de la piece, & d'autre bout Iean Bordeaux, au mesme prix de vingt deniers parisis l'arpent à Iambeuille. Item, demy arpent au Clos Bequet, d'vn costé Nicolas Guillou, d'autre les heritiers Gilles le Cocq, d'vn bout le chemin, & d'autre bout à Loüis le Gros, censiue dudit Iambeuille. Item, soixante perches lieu dit, les terres du Bois, d'vn costé Nicolas Bonneaux, d'autre costé, & d'vn bout les heritiers Gilles le Cocq, & d'autre bout la veufue Iean Truffault, champart dudit Iambeuille. Item, demy quartier sous le Bois des Guillous, tenant d'vn costé la vefue Iosse Auger, d'autre Pierre Truffault, d'vn bout les heritiers Louys Lormier, & d'autre bout ladite Dame, en censiue dudit Iambeüille. Item, vn quartier & demy de terre sur les Rauines, tenãt d'vn costé les heritiers Gilles le Cocq, d'autre costé la vefue Iean Trufaut & autres, d'vn bout la rauine, & d'autre bout lesdits heritiers Gilles le Cocq, champart dudit Iambeuille. ITEM, vn quartier de terre aux Espeütins, des deux costez, & bout les heritiers Gilles le Cocq, & d'autre bout la veufue Iosse Auger, champart dudit Iambeuille, desquels heritages la veufue Anthoine Truffaut iouïst à present, au partage du bail dudit Iambeuille. Item, quarente perches de terre ausdites terres du bois, tenant d'vn costé, & d'autre Nicolas Bonneaux, d'vn bout la veufue Iean Truffaut, d'autre la veufue Gabriel Visebeq, en champart dudit Iambeuille. Item, trois quartiers de terre aux Espeütins d'vn costé les heritiers Gilles le Cocq, d'autre costé la veufue Iosse Auger, d'vn bout le chemin du Hazé, d'autre lesdits heritiers Gilles le Cocq, d'autre en champart comme dessus. Item, demy arpent de terre proche le fief terroir de Rueil, tenant d'vn costé la terre de Rueil, d'autre costé Daniel Guillou d'vn bout à & d'autre à champart dudit Rueil. Item, autre demy arpent audit terroir prés la Gastine d'vn costé à d'autte d'vn bout à & d'autre bout à Item, vn arpent au mesme terroir prés la petite Marliere, d'vn costé, & bout le sieur dudit Rueil, d'autre costé Claude Martin, & d'autre bout le grand chemin de Fremainuille à Meulent, censiue dudit Rueil, desquelles dernieres six pieces iouïst à present, Iean Bordeaux au mesme partage du bail dudit Iambeuille. Item, vn arpent de terre à la coste de Danly, lieu dit la Penelle, dont le bout d'enhaut est en cerisiers, d'vn costé André Verneuil, d'autre Nicolas Truffault, d'vn bout le chemin de la plaine, & d'autre Gilles Bertrand & autres, en champart dudit Iambeuille. Item, demy arpent ou enuiron audit lieu, tenant d'vn costé ledit Truffault, d'autre les heritiers Suplix Verneüil, d'vn bout ledit chemin, & d'autre Abel Verneüil, & autres, au mesme champart: desquelles deux pieces iouyst à present ledit Nicolas Truffault auec son bail de la ferme de Danly, desquels heritages lesdits Fermiers continuëront leurs iouïssances le reste de leurs baux, & pendant iceux, en payeront les fermages auf-

Lisez la page suivante 36

guilliers, ceux de ladite Eglise presens & à venir, renonçans en ce faisant à toutes choses à ce cõtraires. Ce fut fait & passé en la Maison Seigneuriale dudit Iambuille en presence dudit Iean Bordeaux Receueur dudit Iambuille, & Leonard Bastet Secretaire de ladite defuncte tesmoins, qui ont auec lesdites parties, & iuré signé & marqué à la minute des presentes, le Vendredy iour S. Martin vnziéme iour de Nouembre 1639. de releuée. Signé, DOVLLE'.

Don & fondation, aux Religieuses de Meulent, pour leur establissement, du 12. Nouembre 1639.

A TOVS ceux qui ces presentes Lettres verront, le Garde du Seel Royal en heredité au Comté & Bailliage de Meulent : Salut. Sçauoir faisons, que pardeuãt Michel Bertault Substitud pour l'absence de Simon Doullé Notaire & Tabellion Royal audit Comté & Bailliage dudit Meulent, est comparuë Sœur Charlote de IESVS MARIA, humble Superieure des Religieuses de l'Annonciade, du Monastere estably à Meulent, laquelle reconnoist & confesse, que cy-deuant defuncte Dame Marie le Clerc, Dame de Neufuille, du Couldray, Sainct Sauueur, la Goufferie, & Mesy, veufue de feu Messire Antoine le Camus, viuant Cheualier, Conseiller du Roy en ses Conseils d'Estat & Priué, & President en sa Cour de Parlement à Paris, Seigneur de Iambeuille, la Mallemaison, Breüil, Antheüil, Romeny sur Marne, Maillebois, Bleuy, & autres lieux, luy a donné & aumosné la somme de trois mil liures à elle deliurez par le sieur Prieur de Saint Nigaise de Meulent, dont a esté fait l'achapt & payement de la Maison, & lieux acquis pour bastir le Monastere, ou le surplus des deniers a esté employé, aux premieres fondations & commencemens des bastimens. Et ce iourd'huy a encores receu de Dame Anne le Camus, Marquise de Maillebois, Dame de Iambuille, Mallemaison,

Suivez la page 38

dits Marguilliers : Sçauoir, ladite veufue Anne Truffaut quarante liures cinq sols tournois : Ledit Bordeaux quinze liures quinze sols, & ledit Nicolas Trufault six liures, qu'ils payeront par quartier, à proportion d'icelles sommes, dont le premier se payera le iour de Noël prochain : Le second, à Pasques : Le troisiéme, au iour S. Iean, & le dernier à la S. Remy, & ainsi continuer, dont leur sera tenu compte sur leurs Baux par ladite Dame. Et apres lesdits Baux expirez, lesdits Marguilliers en disposeront & feront payer & cõtinuer les redeuances ausdits Seigneurs, dont lesdits Fermiers sont chargez pendant leursdits baux. Ne pourront lesdits Marguilliers, ny leurs successeurs, aucunement vendre ny aliener lesdits heritages, pour quelque cause que ce soit, seulement seront perpetuellement baillez à ferme. Item, sera loisible à ladite Dame de Iambuille, ou aux Seigneurs dudit Iambeuille, retirer lesdits heritages ou telles pieces qu'ils voudront, en liurant autres heritages de semblable valeur, dans l'estenduë de ladite Seigneurie seulement, & non d'ailleurs: toutesfois ladite Dame en pourra bailler ou bon luy semblera ; & à chacune mutation de Seigneurs, lesdits Marguilliers bailleront nouuelle declaration, toutefois ne seront tenus bailler homme viuant, mourant, ny confisquant, d'autãt que ladite Dame veut & entend qu'ils en soient perpetuellement deschargez pour lesdits heritages, demeurans seulement chargez d'en faire payer, & continuer les champarts & censiues qu'ils doiuent comme dessus est dit, lesquelles Messes par chacun Lundy commenceront d'estre dites dés Lundy prochain, les Prieres à Noël, les autres Messes & Seruices selon les temps dessus specifiez : qui viendront prochainement. Et s'il aduenoit que l'on manquast à l'accomplissement desdites fondations, ladite Dame, ses heritiers, ou ayans cause, pourront rentrer aux heritages dessus donnez. Car ainsi a esté accordé : Promettans lesdites parties chacun à leur regard esdits noms, auoir agreable tout ce que dessus, sans y contreuenir, à peine de tous despens payer, sous l'obligation, sçauoir ladite Dame de tous ses biens, & lesdits Mar-

Lisez la page suivante 37

l'vne des Dames d'honneur de la Royne Mere du Roy, & de la Royne regnante, Espouse de Haut & Puissant Seigneur Messire Claude Pinard, Cheualier, Conseiller du Roy en sesdits Conseils, Gentilhomme ordinaire de sa Chambre, Capitaine de cinquante hommes d'Armes de ses Ordonnances, Sire de Cramailles, premier Baron de Vallois, Marquis de Comblisy, & de Loupuois, Seigneur de Villethiery, Ville-Sauoye, Mont S. Martin, Voreilles & Chasnay en Poictou, la somme de mil liures tournois en continuation de pareille aumosne, suiuant l'intention & deuotion de ladite defuncte Dame de Iambeuille sa Mere. Au moyen dequoy ladite comparante, tant pour elle que pour la Communauté de son Conuent, & du consentement de toutes les Religieuses Professes d'iceluy, pour ce assemblées capitulairement, parlantes par Sœur Anne de S. Bonauenture, Mere Vicegerente, reconnoissent, tiennent, reputent lesdites Dames Mere & Fille, pour leurs premieres Bien-faictrices, & Auctrices de leur fondation & establissement audit Meulent, veulent & accordent qu'elles joüissent des priuileges des entieres fondatrices. Ladite defuncte demeurant en cette qualité, en leurs deuotions, & prieres, & ladite Dame Marquise sa fille, pendant son viuant, aye entrée audit Monastere, auec deux ou trois filles ou femmes, y puisse coucher, manger, & assister aux Offices & exercices de la Religion, selon sa bonne deuotion, humilité & modestie ordinaire: Soit participante aux Prieres, Communions & deuotions de leur Communauté, & joüisse entierement de tous les priuileges des entieres & seules Fondatrices: mesmes puisse faire apposer Armoiries en leur Eglise & Monastere, & y appliquer marbre & Epitaphe, contenant ladite fondation, ainsi qu'elle trouuera bon, & de bien-seance, pour émulation à tous bien-faicteurs. Fait & arresté à la Grille dudit Monastere, en presence dudit sieur Prieur S. Nigaise Maistre Nicolas Dauanne Prestre, & Leonard Bastet Secretaire de ladite Dame Marquise, qui ont auec lesdites Dames comparentes, & iuré, signé la minute des presentes, le 12. iour de Nouembre

1639. auant midy. *Et au dessous est escrit* : Et le second iour d'Auril 1651. pardeuant le Tabellion susdit, sont comparuës lesdites Superieure, & Vicegerente susnommées, qui ont declaré, que au mois de May dernier, ladite Dame Marquise leur a donné, & fait employer par les mains dudit sieur Prieur, en leursdits bastimens la somme de huict cens liures: Et encores depuis la Sainct Martin derniere, leur a fait fournir en mesme employ douze cens liures, qui fait ensemble deux mil liures, que ledit sieur Prieur à ce present, a dit estre le parachieuement des six mil liures que ladite feuë Dame de Iambeuille par son Testament (dont il est l'vn des executeurs) auoit prié ladite Dame Marquise sa fille, parfournir d'aumosne aux Religieuses, à l'intention que dessus. De laquelle augmentation de Charité, lesdites comparantes, pour elles & leur Communauté, remercient tres-humblement ladite Dame Marquise, à laquelle ils confirment d'abondant les reconnoissances & octroys dessus mentionnez, dont Acte. Fait à la Grille dudit Monastere, en presence de Me Nicolas Iosset Prestre, Chapelain de l'Eglise S. Nigaise, & Sulpice Verneüil, demeurant au Fort de Meulent, qui ont signé auec lesdits comparans & Notaire, la minute subjete au seellé, suiuant l'Edict.

Signé, DOVLLE'. Et seellé.

Autre donation pour le Monastere des Religieuses de Meulent, du 20. Auril 1641.

A TOVS ceux qui ces presentes Lettres verront, le Garde du Seel Royal en heredité aux contracts & obligations du Comté, & Bailliage de Meulent. Fut present en personne Maistre Pierre Gars Conseiller du Roy, & son Procureur au Comté & Baillage de Meulent, lequel a dit & declaré que desirant participer au bon œuure de l'establissement & construction du Monastere des Religieuses de l'Annonciade procuré en la ville de Meulent, par Messire Mathieu Mollé, Cheualier, Seigneur de Champlatreux, Conseiller du Roy en ses Conseils, & son Procureur General au Parlement de Paris. Ayant esté fait choix des lieux propres, ledit sieur Gars en auroit par Contract deuant ledit Tabellion du 27. Avril 1639. fait acquest de la maison & lieux qui furent à feu Cir Scourcé, des deniers desdites Religieuses, dont reste à payer & rachepter aucunes rentes, & suiuant les desseins pris, fait marché aux ouuriers, & par luy continué ses soins aux ouurages : le tout au moyen de ce que ledit sieur Gars, en faisant ledit acquest, donna verballement ausdites Religieuses pour la disposition dudit Monastere, deux portions separées de bornes, qu'il auoit en vn jardin fermé de murs, proche ladite maison, dont la troisiéme portion, qui est celle du milieu, appartient à Anthoinette Cherüise femme de Maistre Robert Taillepied Esleu, sur l'asseurance de laquelle donation ledit bastiment s'est commencé & disposé, en sorte que l'Eglise & Choeur des Religieuses se trouue basty en partie sur la premiere portion dudit jardin, qui estoit la plus proche de ladite maison acquise. Or desirant ledit sieur Gars asseurer lesdites Religieuses, A par ces presentes confirmé & confirme sadite donation du fonds & plaine proprieté des susdites deux portions de jardin, qui luy appartenoient de son propre, l'vne de la succession de feu Maistre Denis Gars son pere, viuant Conseiller du Roy & Esleu en l'Election de Mante & Meulent, & l'autre de la succession de Maistre Loüis Gars son oncle, tenus en la censiue du Roy, dont lesdites Religieuses demeurent chargez des arrerages du passé, si aucunes sont deües & de l'aduenir. Ce que dessus accepté par Soeur Charlotte du Puis, dite de IESVS-MARIA Mere Ancelle & Soeur Anne du Puis, dicte de S. Bonauenture, Vicegerente pour toute leur Communauté, dont elles remercient tres-humblement ledit sieur Gars, qu'ils tiennent & reputent l'vn de leurs biens-faicteurs, tant pour ladite donation que pour les peines & soins qu'il a pris, en leur establissement & construction de leur Monastere, accorre, accordent qu'il soit & demeure & toute sa famille, participant aux prieres de leur Communauté presente & aduenir: laquelle ils obligent pendant la vie dudit sieur Gars, de faire dire en leur Eglise à son intention, vne Messe du S. Esprit dans les octaues de la Pentecoste, qui apres son deceds sera conuertie en vne Messe de *Requiem*, ausquelles les Religieuses communieront à mesme intention: Aussi sera loisible audit sieur Gars, faire poser en ladite Eglise vne pierre grauée, contenant en substance sa charité telle que dessus, afin que la posterité sçache les bien-faicteurs dudit Monastere, & en donnent loüange à Dieu. Car ainsi, &c. Promettant, &c. obligeans, &c. renonçans, &c. Fait & passé à la Grille & parloir desdites Religieuses, au Prieuré S. Nigaise de Meulent, où elles sont de present retirées, en attendant la perfection de leurdit bastiment, en presence de Maistre Nicolas Dauanne Prestre, Prieur dudit lieu, & Maistre Nicolas Ioffet, Prestre y deseruant, qui ont auec ledit sieur Gars, & Religieuses, signé ces presentes en la minute: lesdites presentes declarées estre sujettes au seelé, aux peines des Edicts du Roy, le 20. iour d'Avril 1641. Signé, DOVLLE'. Et seellé.

Remarques pour ledit Monastere.

PAR Contract deuant ledit Doullé Tabellion, du premier Iuillet 1641. ledit Maistre Robert Taillepied Conseiller du Roy, & Esleu en l'Eslection de Mante & Meulent, a fait vente ausdites Religieuses, de sa troisiéme portion dudit Iardin, moyennant trois cens liures. Aussi pour memoire sera icy recité, que depuis, il a esté acquis plusieurs maisons & jardins, & par octroy des Maire, Escheuins, & Habitans, aboly & enfermé quelques ruës, & remis le chemin plus aisé, pour la Chappelle sainte Auoye, dans le Cimetiere, & lieux de S. Nicolas, & tout ledit Monastere enuironné & fermé de hauts murs, où lesdits Habitans ont trauaillé. Enfin estant l'Eglise mise en estat, moy Dauanne par ordre de Monsieur l'Archeuesque de Roüen en fis la benediction, & y celebré la premiere Messe en Ianuier 1642. & le iour S. Ioseph suiuant, les Religieuses en sortant du Prieuré S. Nigaise (où ie les auois retirées deux à trois ans) allerent faire leur habitation en leur Monastere, & s'y sont augmentées de nombre, par les faueurs & assistances du mesme sieur Molé, deuenu premier President, puis Garde des Sceaux de France, lequel pour la consideration dudit Monastere, a protegé cette ville de Meulent : Il est decedé au regret de tous, le 3. Ianuier 1656. Sa memoire soit en benediction.

Acte pour les Chasses des Corps Saincts à S. Nigaise, du premier Juin 1639.

AD MAIOREM DEI GLORIAM.

Sçache la posterité qu'en cette Eglise, & Prieuré fondé par les anciens Comtes de Meulent, enuiron l'an de salut mil ~~cent~~ soixante-deux, au nom de S. Nigaise, premier Archeuesque de Roüen, & ses Compagnons Martyrs, S. Quirin, & saint Scuuicule y reposoient en diuerses Chasses separément les Reliques des mesmes Saints, & encores celles de sainte Piencе, jadis Dame de la Roche-Guyon, associée à leur martyre : dont la veneration y a tousiours demeuré fort solennelle, & par leurs intercessions s'y est fait & continuë plusieurs Miracles; lesquelles Chasses qui estoient de bois fort simple, sans ouurage, pour leur antiquité estoient vsées & quasi consumées. Pourquoy moy Nicolas Dauanne Prestre, natif de cette mesme Ville de Meulent, Prieur de ce lieu, ayt fait refaire à neuf lesdites Chasses, & en icelles par la permission de Mõseigneur l'Euesque de Chartres, remis ces mesmes Reliques en la façon qu'elles estoient aux anciennes, auec autant de cét Acte en chacune d'icelles : ce jourd'huy vigile de l'Ascension nostre Seigneur, premier iour de Iuin, l'an de salut 1639. En la presence de Maistre Gilles Moreau Prestre, Curé de S. Iacques, Maistres François Feré & Nicolas Ioffet, Prestres y deseruant. Monsieur François de Blois President & Lieutenant General pour le Roy audit Meulent, Me Simon de Gamaches Conseiller au Siege Royal, Robert Chesnier, Valet de Garderobe de sa Majesté, Me Martin Pasquier Commissaire en l'Essection, Maistres Robert Boüillart & Simon Pailleur Procureurs, maistre Iean Meriel Greffier, Guillaume François Escheuin, & plusieurs autres Officiers, & Habitans dudit Meulent.

Signé, DAVANNE.

Lettre de Monseigneur l'Euesque de Chartres pour la solemnité des Reliques, du 9. May 1641.

LEONOR D'ESTAMPES par la grace de Dieu, & de l'authorité du saint Siege Apostolique Euesque de Chartres, Conseiller du Roy en ses Conseils d'Estat & Priué. A tous Ecclesiastiques & fideles Chrestiens, Salut & Benediction. Sçauoir faisons, qu'à la priere de Me Nicolas Dauanne Prestre, Prieur Commendataire du Prieuré saint Nigaise au Fort de Meulent, en nostre Diocese. Nous sommes de la ville de Mante (où estions en l'Assemblée generale du Clergé de France) transportez audit Prieuré, ce jourd'huy Feste de l'Ascension Nostre Seigneur, escheuë le 9. May 1641. où nous auons Pontificalement fait la ceremonie de l'annuelle Procession generale, pour la veneration des Reliques du mesme Sainct Nigaise, de saint Quirin, & saint Scuuicule ses compagnons Martyrs, de sainte Pience aussi martyre, & autres Saints, dont les Chasses & Reliquaires reposent en ladite Eglise, & sont en cette Procession portez fort reueremment accompagnez, & y marchans en bel ordre, les Curez & Ecclesiastiques de la Ville, & ceux du voisinage, tant de l'Archeuesché de Roüen que de nostre Diocese, qui s'y estoient rendus processionnellement du matin, jusques au nombre de vingt quatre Parroisses : & nous suiuy de nos Officiers & domestiques, puis marchans en ordre les Officiers du Roy, la Noblesse, les Escheuins, Bourgeois & Habitans de la Ville, & lieux circonuoisins, auec grand nombre de peuple qui ont assisté à la grand' Messe par nous dite & celebrée aussi pontificalement, & à tous donné nostre benediction, auec les Indulgences ordinaires, dont & dequoy pour memoire à la posterité auons fait & signé le present Acte, pour demeurer aux Archiues dudit Prieuré, ledit iour & an que dessus. Signé, L. D'ESTAMPES, Euesque de Chartres. DAVANNE. *Et au dessous*, Par commandement de mondit Seigneur. L. OLRY.

Autre Acte de la nouuelle Chasse d'argent pour Sainct Nigaise, du 13. May 1643.

LES anciens manuscrits, histoires, & autres actes autentiques, ont traduit pour verité jusques à nous, que Galeran premier du nom, Côte de Meulent, a basty l'Eglise & fondé le Prieuré S. Nigaise au Fort de Meulent, enuiron l'an de salut 1062. pour augmenter la veneration des Reliques du mesme S. Nigaise, premier Archeuesque de Roüen, & l'Apostre de ce païs: lesquelles auparauant reposoient en ce lieu, dans vne petite Eglise dite Nostre Dame de l'Isle : demolie pour estre rebastie en la grandeur qu'elle est à present, changeant son nom en celuy de S. Nigaise, faisant lors remettre ces Reliques en vne Chasse de bois couuerte de legers ouurages d'argent : augmenté par Galeran second, l'an 1141. estant tousiours demeuré vne continuelle deuotion enuers ces saintes Reliques, celles de S. Quirin, S. Scuuicule, & sainte Pience, reposans en autres Chasses : Dieu ayant par leurs prieres donné grace de plusieurs Miracles en ce lieu & ailleurs. Or le temps de cinq cens ans depuis écoulez, & le maniement de cette Chasse, en l'annuelle Procession Generale, qui se fait pour leur veneration le iour de l'Ascension, & autres extraordinaires, pour les necessitez publiques: l'auoit tellement rompuë & defigurée qu'elle ne pouuoit plus subsister, ny restant pour cent escus d'argét en poids. Pourquoy moy Nicolas Dauanne Prestre, natif dudit Meulent, Prieur de ce Prieuré, meû de deuotion, & de mon deuoir, ay fait faire vne nouuelle Chasse reuenant à deux mil quatre cens liures en estoffe & façon, dont douze cens liures sont prouenus de la charité & don testamentaire à moy fait par feuë Dame Marie le Clerc, Dame de Neufuille, du Couldray, Saint Sauueur, la Goufferie, & Mesy, veufue de feu Messire Antoine le Camus, viuant Cheualier, Conseiller du Roy en ses Conseils d'Estat & Priué, & President en sa Cour de Parlement à Paris, Seigneur de Iambeuille, la Mallemaison, Breüil, Antheüil, Romeny sur Marne, Maillebois, Bleuy, & autres lieux. Et trois cens liures donnez par Dame Anne le Camus de Iambeuille leur fille vnique & seule heritiere, Marquise dudit Maillebois, Dame d'honneur des Reines, vefue de Messire Claude Pinart, Cheualier des Ordres du Roy, Conseiller en sesdits Conseils, Capitaine de cinquante hommes d'Armes de ses Ordonnances, Sire de Cramailles, premier Baron de Valois, Marquis de Comblisy & de Loupuois, Seigneur de Villethiery, Ville-Sauoye, Mont S. Martin, Voreilles, & Chasnay en Poictou. Le surplus montant neuf cens liures tournois par moy fournis des reuenus du Prieuré; & en icelle chasse ay ce iourd'huy à Vespres 13. de May Vigile de l'Ascension nostre Seigneur, mil six cens quarente-trois, de la permission de Mr l'Euesque de Chartres, moy estant en ladite Eglise (assisté de Monsieur Mr Eustache le Clerc de Lesseuille Prestre, Docteur en Theologie, de la Societé de Sorbonne à Paris, Conseiller du Roy, Abbé de S. Crespin à Soissons, qui y a fait vn tres-docte & deuot Sermon; & ensemble auec tout le Clergé, & le peuple, chanté le *Veni Creator, Te Deum*, & autres Prieres. Fait la Translation & deposition des mesmes Reliques S. Nigaise, qui sont la pluspart des ossemens d'iceluy, tels qu'ils estoient en l'ancienne Chasse dans cette nouuelle, apres les auoir exposées & fait voir publiquement piece à piece à toute l'assistance qui les a venerées en tres-grande deuotion, auec vn tres-grand contentement d'auoir veu en leurs iours ce que leurs peres & ayeulx ont eû en si chere veneration, & leur ont laissé au semblable: comme moyennant la grace de Dieu, il demeurera à leurs enfans & posterité. L'on auoit eu la mesme consolation quatre ans auparauant, en semblable transposition que ie fis des autres Reliques, saint Quirin, saint Scuuicule, & sainte Pience aux autres nouuelles Chasses que i'auois fait faire, dont les Actes y sont enfermez: Et de cette presente translation ay mis en ladite châsse neufue de S. Nigaise autant du present acte & de celuy dudit Seigneur Euesque, contenant la solemnité qu'il fit en personne le iour de l'Ascension 1641. cõme aussi vn Liuret par moy cõposé & fait Imprimer de la vie & martyre du mesme Saint, & fondation de ce Prieuré, pour seruir d'auctoritez & memoires à la posterité, & que Dieu soit continuellement loüé en ses Saints. A ce que dessus estoient presens en ladite Eglise S. Nigaise, Maistre Pierre Pucelet Bachelier en Droict Canon, Curé de S. Nicolas, Maistre Gilles Vidou Licencié en Droict, Curé de Nostre Dame, & Maistre Iean Boneaux Bachelier en Decret, Curé de saint Iaques, qui sont les trois Parroisses dudit Meulent, Maistres Nicolas Iosset & François Feré, Prestres deseruans ausdites Eglises S. Nigaise & S. Iacques, Maistre Nicolas Vatonne Vicaire dudit S. Nicolas, Maistre Louys Hué, Iean Garnier, Louys Mingot, & Adrian Barbé, Prestres deseruans en ladite Eglise Nostre Dame, Maistre Pierre Adam Curé de Tessancourt, Maistre Nicolas le Gendre Curé de Hardricourt, Maistre Pierre Cheuilier Curé de Vaux & Doyen dudit Meulent, Maistre Guillaume Guy Prieur Curé de Gargenuille, Maistre René Remy Curé de Iusiers, Maistre Iean le Vaigneux Curé des Mureaux & son

Vicaire, Maistre Iean Pepin Curé d'Euesquemont, Maistre Nicolas Langlois Curé de Mesy, & autres Ecclesiastiques: Messire Charles Desmé Cheualier Seigneur de la Chesnaye,& de Hardricourt, Gouuerneur pour le Roy de ladite Ville & Fort de Meulent, Maistre François de Blois Sieur de la Roche-Menandon, Conseiller du Roy, Maistre des Requeste de la Reyne, President Lieutenant General & Maire dudit Meulent, Henry de Vion Escuyer Sieur de Tessancourt & Horseaux, René de Saint Quentin Escuyer, Sieur de Breüil, Denys le Mort Sieur de le Marche, Archer des Gardes du Corps du Roy, cõmandant sous ledit Sieur Gouuerneur audit Meulent, François Aleaume Gouuerneur des Pages de sa Majesté, Maistre Pierre Brissart Conseiller du Roy, Lieutenant aux Eauës & Forests du Baillage de Mante & Meulent, Maistre Anthoine Cheruise Aduocat du Roy, Maistre Pierre Gars Procureur de sa Majesté, & Maistre Iean Meriel son Substitud, Maistre Iean Gars Conseiller du Roy & President en l'Election dudit Mante & Meulent, Maistres Guillaume Boneaux & Robert Taillepied aussi Conseillers du Roy & Esleus en ladite Eslection, Maistre Martin Pasquier, conseiller & Commissaire d'icelle Eslection, Denis Bonneaux Secretaire de la Chambre du Roy, Me Pierre Beauchant Docteur en Medecine, Maistre Claude Ioysel Aduocat, Maistres Robert Boüillart, Ierosme François, Gabriel Gars, Simon Pailleur, & Louys Varye Procureurs au siege Royal dudit Meulent, Me Antoine Taillepied Greffier des Presentations, Me Michel la Vertu, exerçant le Greffe ordinaire, le sieur Noël de Laune, Officier de la Maison du Roy, le sieur Iacques Bertault Officier de la Reine, Guillaume, Pasquier maistre des Ponts. Et des Bourgeois habitans dudit Fort de Meulent, Michel Guyempel, Louys le Roy, Guillaume François, Iacques Bardou, Noël Patin, Iacques Galois, Laurent & Nicolas Boüillant son fils, Charles Boüillant, Claude Ricoeur, Barthelemy Alix, Iacques & Christophle Taillepied freres, Sebastiẽ, Pierre & Nicolas Flicher freres, Iean Cahoüet, Denis Iollet, Iacques le Fevre Simon Boisart, Nicolas Ozanne,

Nicolas & Michel Lexpert, Nicolas Bonheaux, Guillaume Racine, Simon Briſſart & autres: Et de la Ville, Maiſtres Nicolas Doullé, & Simon Doullé ſon fils Tabellion, Germain Biterne, Iean Cheſnier, Iean Cherüiſe & Nicolas ſon fils, Laurens du Val, Loüis & Iacques de Freſne freres, Guillaume d'Eſconcelles & Guillaume ſon fils, Iacques & Nicolas Boüillart, Michel Bertault, Guillaume Cheuremont, Antoine & Hilaire Colé freres, Nicolas & Marc Queruille, Nicolas Goſſelin Chirurgien, Martin & Pierre Felix pere & fils, Loüis & Maurice Amiot freres, Robert Ozanne Iean Girouſt & Martin Girouſt ſon fils, Nicolas Maillart, Philipes & Iean Dagory, Sebaſtien Boudret, Gilles Meriel, Robert Tauernier, Mathieu Guillou, Iean & Guillaume Mauuoiſin freres, Charles Pizet, Nicolas & Iean Charles, oncle & neueu, Ieroſme & Iacques Touſſainčts, fils de Nigaiſe, Claude Guerouſt & plusieurs autres Bourgeois & habitans de ladite Ville, Iacques Boüillant, & Antoine Queuanne, des Mureaux: comme auſſi grand nombre des lieux circonuoiſins de l'vn & l'autre ſexe, au nombre d'enuiron quatre à cinq mille perſonnes. Loüange en ſoit à Dieu & aux ſaints Martyrs, ſaint Nigaiſe, S. Quirin, ſaint Scuuicule, & ſainte Pience, en la continuelle veneration de leurs ſaintes Reliques, & en l'eſpoir de leurs interceſſions pour la protection de cette Ville & de toute la contrée: ſanté des malades, gueriſon des eſtropiez, & ſecours des affligez. Fait & ſigné le preſent Acte, ledit iour deſſus mentionné, Vigile de l'Aſcenſion, 13. May 1643. ſigné, DAVANNE.

Au deſſous eſt eſcrit ce qui enſuit.

Demeurera encores icy eſcrit pour memoire à la poſterité, que le Dimanche ſuyuant audit an 1643. j'ay fait la benediction de la Croix du Marché ſainct Nigaiſe au Fort, que i'auois fait faire & poſer la ſemaine precedente, & ainſi nommée à cauſe que les droicts dudit Marché du Ieudy appartiennent audit ſaint Nigaiſe, l'ayant fait ériger en ce lieu deuant l'Auditoire Royal pour deuotion & decoration de la place, comme par meſme émotion i'en auois fait faire vne autre,

comme

nommée la Croix Dauanne de mon nom, au sortir de la Ville sur le chemin de Mante : ayant dessein d'en faire dresser d'autres, aux lieux propres pour decorer la Ville & les enuirons d'icelle. Signé, DAVANNE.

Fondation des Messes du Nom de IESVS, *pour la Confrairie, du 2. Mars* 1643.

DV deuxiéme iour de Mars mil six cens quarante trois apres Midy, Fut present Maistre Nicolas Dauanne Prestre, Prieur du Prieuré sainct Nigaise au Fort de Meulent, lequel comme executeur du Testament de deffunct Maistre Gilles Moreau decedé, Curé de sainct Iacques audit lieu, a presentement deliuré à Maistre Simon Pailleur Procureur, & Noël Patin Marchant, en qualité d'Administrateurs de ladite Confrairie du nom de Iesus, establye en ladite Eglise sainct Iacques, la somme de deux cens liures tournois, leguez a ladite Confrairie par ledit feu sieur Curé, pour estre mise à rente, afin d'entretenir la Messe qui se dit le troisiéme Dimanche de chacun mois, à l'intention de tous les Confreres, dont le celebrant sera aduerty qu'au *Memento* des defuncts il aye memoire dudit donateur, & à son intẽtion, auec les Oraisons, il en adjoûtera vne propre pour luy : Et enfin de la Messe dira le *Libera, De profundis*, & l'Oraison sur sa sepulture, qui est joignant l'Autel d'icelle Confrairie : auquel celebrant sera deliuré douze sols, & aux Chapelains & Clerc, assistans chacun 2. sols tournois, des deniers prouenans de ladite rente par lesdits Administrateurs, & leurs successeurs en ladite Charge, ainsi que le contient ledit Testament, portant que ladite donation est faite pour soulager ladite Cõfrairie, au moyen de ce que les questes & troncs ne suffisoient à satisfaire à l'obligation de ladite Messe, & par le moyen d'icelle rente, lesdites questes & Troncs, seruiront pour les autres necessitez de ladite Confrairie, pour paruenir à laquelle intention lesdits Pailleur & Patin, esdits noms, ont à l'instant du vouloir & consentement dudit sieur Prieur, tant audit nom d'executeur dudit Testament, que comme le premier des Confreres, & encores auec ledit defunct sieur Curé, Promoteur de l'establissement d'icelle Confrairie, presentement deliuré ladite somme de deux cens liures, aux mesmes especes d'escus d'or, pistoles, & argent de poids, selon les Edits du Roy, entre les mains de Denis Enfroy Vigneron, & Marie Hogart sa femme, demeurans aux MUREAUX, de luy authorisée à ce presens, qui ont ladite somme receuë, & dont ils se tiennent à contens, moyennant laquelle ils créent & constituent sur eux, & tous leurs biens, solidairement l'vn pour l'autre, & l'vn d'eux seul & pour le tout, sans diuision ne discution, à ladite Confrairi e du nom de IESVS, la somme de vnze liures deux sols trois deniers tournois, de rente annuelle & perpetuelle, payables chacun an, à pareil iour que ces presentes, entre les mains desdits Administrateurs, qui est au denier dixhuict, selon l'Edict du Roy, à quoy lesdits preneurs s'obligent comme dit est solidairement : & laquelle rente sera raquitable à tousjours, en rendant & payant ausdits Administrateurs, ou leurs successeurs, pareille somme de deux cens liures tournois, en vn seul payement, auec les arrerages, frais & loyaux cousts, qui en pourront estre lors deubs & escheuz : & deliureront lesdits preneurs à leurs despens ausdits Pailleur & Patin esdits noms, la grosse des presentes signée, seellée & controllée, suiuant les Edicts. Car ainsi, &c. promettans, &c. obligeans chacun en son esgard és noms susdits, &c. Et lesdits preneurs solidairement, comme dit est, &c. Renonçans, &c. Fait & passé à Meulent, en presence de Maistre Nicolas Iosset Prestre, & Sulpice Verneüil, demeurans audit Meulent, témoins : Lesdits preneurs ont fait leur marque, ne sçachans signer. Signé, DAVANNE. Noël Patin. Pailleur. Marque desdits preneurs, Iosset, Verneüil, & Doullé, Tabellion.

Les Freres de la Charité obligez faire celebrer & dire leur Messe à saint Nigaise, le lendemain du deceds de chacun Prieur, du 25. Auril 1644.

PArdeuant Simon Pailleur Substitud, Iuré Commis, pour l'absence de Simon Doullé, Notaire & Tabellion Royal au Comté & Baillage de Meulent, sont comparus les Freres de la Charité, erigée en l'Eglise Nostre Dame de Meulent, representez par Maistre Iean Meriel Substitud de Monsieur le Procureur du Roy Preuost d'icelle Confrairie, Maistre Pierre Briffart Conseiller du Roy Lieutenant des Eauës & Forests de Mante & Meulent, & Claude Gueroult Marchant demeurant à Meulent Escheuins, Maistre Robert Boüillart Procureur au Siege Royal dudit Meulent, & Guillaume Racine Mercier freres, seruans de ladite Cõfrairie, lesquels ont declaré à Maistre Nicolas Dauanne Prestre, Prieur du Prieuré sainct Nigaise du Fort de Meulent à ce present, que par Contract deuant ledit Simon Pailleur Substitud dudit Doullé, du deuxiéme Iuillet mil six cens quarante-trois, Iean Petit Menuisier, a consenty & accordé à ladite Cõfrairie, que lesdits Confreres & successeurs, puissent construire & bastir contre le pignon de sa maison, ruë porte Paris, tenant à ladite Eglise, vne chambre pour seruir de Reuestiaire, de telle grandeur & hauteur qu'il appartiendra, & sera aduisé par le dit Preuost & Confreres, à prendre toutesfois de six pieds audessus du rez de Chaussée, & se seruir à cette fin dudit pignõ: & ce moyennant la somme de trente cinq liures payez audit Petit: de laquelle somme ledit sieur Prieur pretendoit lots & ventes, saisines, & amandes, comme vn démenbrement fait à ladite maison dudit Petit, qui doit quatre sols parisis de cens audit Prieuré, d'autant que par le moyen dudit octroy, ledit pignon au dessus desdits six pieds, deuient moitoyen qui auparauant estoit entier à ladite maison: neantmoins cõsiderant ledit acqueſt eſtre œuure pieuſe,a quité ladite Confrairie deſdits lots & ventes ,& ſi d'abondant, l'a déchargée de luy bailler homme viuant & mourant, & à ſon deceds payer lots & ventes, ſelon l'eſtimation de la choſe, ainſi qu'il appartiendroit de droict. Moyennant qu'au deceds de chacun Prieur dudit S. Nigaiſe, leſdits Confreres ſeront tenus enuoyer le ſoir leur Clerc de ſonnerie, tinter en leur maniere, la groſſe cloche dudit S. Nigaiſe, par cent coups, & le lendemain transfereront leur Meſſe de la Confrairie dudit Noſtre Dame, en l Egliſe S. Nigaiſe, où viendront aſſiſter leſdits Confreres en Corps, auec leur Croix, Banniere & cierges, ainſi qu'ils font en conuoy : & ladite Meſſe celebrée au grand Autel, ſera des Morts, à l'intention dudit ſieur Prieur decedé, & apres dit le *Libera, De profundis*, & Oraiſons ſur ſa foſſe (s'il eſt enterré audit Sainct Nigaiſe, ſinon deuant le Crucifix.) Laquelle Meſſe ſera pareillement tintée par le meſme Clerc, par autres cent coups auant l'arriuée deſdits Confreres ; & par ce moyen ne payera ladite Confrairie, aucune portion de ladite cenſiue de quatre ſols pariſis, qui demeurera reſeruée entiere audit ſieur Prieur (comme il la reſerue) pour luy & ſes ſucceſſeurs, ſur ladite maiſon dudit Petit, ſuiuant les declarations & droicts dudit Prieuré, enuers lequel, ladite Confrairie ſera tenuë renouueler le preſent Acte de cinquante ans, en cinquante ans, à peine d'eſtre décheuz de ladite décharge d'homme viuant, & mourant, & payement de ventes par eſtimation à ſon deceds, & de contribution hipothequaire à ladite cenſiue : Car ainſi eſt-il accordé entre leſdits Confreres & ledit ſieur Prieur Promettans reſpectiuement, &c. obligeans, &c. Faict & paſſé à Meulent le 25. iour d'Avril 1644. en preſence de Me Nicolas Ioſſet, deſeruant audit Prieuré, & Sulpice Verneüil, demeurant audit Fort de Meulent, témoins, qui ont auec leſdites parties, & Subſtitud, ſigné la minute des preſentes, ſuiuant l'Ordonnance. Signé, DAVANNE, & DOYLLE.

Cette Confrairie de la Charité fut erigée l'an 1649. & en ay fait imprimer l'institution auec celle cy, en Auril 1656.

Lettres des Peres Benedictins decernées en leur Chapitre general, l'an 1645. le 20. Iuin.

Au Nom de nostre Seigneur Iesus-Christ. Ansi soit-il.

LES President & Definiteurs du Chapitre general des Benedictins de la Congregation de S. Maur en France : A Monsieur Dauanne Prestre, Prieur de Meulent, de saint Georges de Mante, &c. Salut. Bien que nous soyons tres-asseurez que la solide vertu, & rare pieté dont vous faites profession, n'aye point d'autre motif de toutes les saintes & loüables actions que vous exercez iournellement, que la gloire de Dieu, & que de luy seul vous en attendez la recompense. Neaumoins la deuotion & affection singuliere que vous auez tousiours portée à nostre S. Ordre, & particulierement à nostre petite Congregation ; à laquelle vous auez fait ressentir les effets d'vne bonté & charité paternelle ; nous oblige à vne reconnoissance perpetuelle, & à vous témoigner les veritables ressentimens que nous en auons, & en laisser quelques marques autentiques à nos successeurs, afin d'en conseruer la memoire : Car non content d'auoir procuré le restablissement de l'ancienne discipline Monastique, dans vostre Prieuré Nostre Dame de Bonnes-Nouuelles lez Rouen, par l'agregation d'iceluy à nostre Congregation; Apres auoir employé le fonds de vostre propre patrimoine pour le releuer de ses ruines, fait bastir le Cloistre, & lieux reguliers entierement ruinez & démolis, accroistre l'Eglise, l'orner, fourny d'ornemens & meubles tout le Monastere de ce qui estoit necessaire pour l'establissement d'vne Communauté, luy fournissant mesme du vostre, la meilleure partie de son entretien : & ne se lassant de tesmoigner les excez de vostre bonté, auez resigné le tiltre de vostredit Prieuré de Bonnes-Nouuelles à vn Religieux de la Congregation : & comme si ce n'estoit assez à vostre zele pour l'aduancement & honneur de nostre saint Ordre, auez encores traité depuis, pour establir la mesme Obseruãce dans vostre Prieuré de saint Nigaise de Meulent : & non content d'employer tout le reuenu qui vous reste, pour remettre les lieux reguliers, & toutes choses en estat d'y faire au plustost l'establissement, auec tous les auantages qu'on peut souhaiter, selon la portée du lieu, auez encores resigné le tiltre dudit Prieuré de Meulent, & celuy de S. Georges de Mante à deux Religieux de ladite Congregation : Ce que ne pouuans reconnoistre par autre voye, & desirans neantmoins le faire, en la meilleure maniere qu'il nous est possible, apres vous auoir rendu graces infinies, au nom de toute la Congregation, de si grands excez de vostre charité, Auons agreé & ratifié, agreons & ratifions par ces presentes, lesdits concordats, & traitez faits pour l'agregation dudit Prieuré de Meulent, & promettons y enuoyer les Religieux conuenables, si tost que lesdits bastiments seront en estat & d'y entretenir à tousiours vne Communauté desdits Religieux, selon la portée dudit Prieuré, conformément à vos pieuses intentions : Et de plus nous vous faisons participant de toutes les graces, Indulgences, veilles, jeusnes, prieres, & autres bonnes œuures, lesquelles par la grace de Dieu se font & feront en nostre Congregation à perpetuité : Et au cas que vous eussiez inclination de demeurer dans ledit Prieuré de Meulent, ou en quelqu'autre des Monasteres de ladite Congregation. Nous vous offrons de tres bon cœur le choix de tel ou tels Monasteres, dont il vous plaira faire eslection, pour y auoir les mesmes libertez, d'entrée, logement & demeure dans les lieux Reguliers, & viure parmy la Communauté que vous auez desirée audit Monastere de Bonnes-Nouuelles, & tiendrons à faueur speciale, de vous y pouuoir seruir, mesmes de choisir le lieu de vostre sepulture, dans l'Eglise dudit Prieuré de Meulent, ou en telle autre des Monasteres de ladite Congregation que vous aurez plus agreable ; ce que nous vous accordons tres-volontiers; & lors qu'il plaira à Dieu vous appeller, pour vous couronner de tant de saintes actions, promettons de faire pour vous, les mesmes prieres & deuotions par toute la Congregation, comme pour vn de nous mesmes. Ordonnons en outre, que dans lesdits Monasteres de Bonnes-Nouuelles & Meulent, il soit celebré vn seruice solemnel tous les ans au iour de vostre deceds, pour le repos de vostre Ame, auec les prieres & ceremonies accoustumées en nostre Cõgregation: En foy dequoy ils ont commandé au Secretaire de leur Chapitre, d'en dresser le present Acte, & iceluy signer & séeller du Seau de ladite Congregation. Fait au Monastere de la tres sainte Trinité de Vendosme, le 20. iour de Iuin 1645. Signé, Par le commandement du Chapitre, Fr. IEAN HAREL. Et seellé de cire rouge, dans vne boëtte de fer blanc.

Fondation à sainct Iacques du Fort de Meulent, du premier Ianuier 1646.

AVjourd'huy premier iour de Ianuier 1646. deuant nous François de Blois, sieur de la Roche-Menandon, Conseiller du Roy, Maistre des Requestes ordinaire de la Royne, President, Lieutenant general du Bailliage & Comté de Meulent, estant en l'Eglise Parroissiale de S. Iacques au Fort de Meulent, issuë de Vespres: S'est presenté Maistre Nicolas Dauanne Prestre, Prieur de S. Nigaise audit lieu, lequel nous auroit dit & remonstré, & à Maistre Iean Meriel Substitud du Procureur du Roy audit Meulent, & Maistre Iean du Val Marguilliers de ladite Eglise: Que defunt Me Gilles Moreau decedé, Curé de ce lieu, le 4. Iuillet 1642. & inhumé entre le grand Autel & la Chapelle du S. Nom de IESVS, Auroit par son Testament escrit de sa main, en datte du 20. Iuin audit an, & adition du dernier dudit mois (qu'il a exibé, & dont a esté fait lecture,) fait don à la Fabrique de ce qui luy estoit deub de reliqua de ses droicts Curiaux, suiuant vn memoire qu'il auoit pareillement escrit de sa main, auec vn Messel, vn Lieutrin, Corporalier, voille, & autres petits meubles (seruans à l'Autel) qui luy appartenoient, à la charge de par les Marguilliers faire dire par chacun an le iour de Pasques, à l'Offertoire de la grand' Messe, vne priere à son intention, & au iour de son deceds aussi par chacun an vne Messe haute des Morts, anoncée le Dimanche precedent au Prosne, & faisant la priere à son intention, laquelle Messe ne sera sonnée le soir precedent, ains seulement tintée par trente coups de la grosse cloche peu auant qu'elle commence: pour laquelle Messe & Prieres, sera distribué à Monsieur le Curé vingt sols, & aux Chapelains & Clerc assistans, chacun trois sols, & par ladite adition a fait don pour ladite fondation (si ledit legs ne suffisoit) de deux burettes d'argent; duquel Testement estant ledit sieur, Prieur executeur, auroit par plusieurs fois prié, mesmes poursuiuy en l'Officialité les precedens Marguilliers d'accepter ou refuser ledit legs, & faire le compte dudit reliqua, afin d'en esclaircir la valeur, ce qu'il n'a pû faire effectuer. Or ayant sceu que par les comptes qu'ils ont rendus, ils n'ont employé les droicts qu'ils deuoient audit sieur Curé, ains simplement ce qu'ils luy ont fourny sur iceux, qui se treuuent conuenir au memoire dudit defunct: Partant lesdits droicts & reliqua d'iceux sont deubs par ladite Fabrique, lesquels selon les memoires dudit defunct (que l'on doit tenir pour veritables,) il se trouue qu'au iour de sondit deceds, il luy estoit deub de reste la somme de soixante & dix liures tournois, à quoy monte sa donation, auec les susdits meubles que lesdits sieurs Meriel & du Val Marguilliers acceptent, pour & au nom de ladite Fabrique, & encores confessent, que presentement ledit sieur Prieur a fait deliurance desdites deux burettes d'argent, mises au Tresor de ladite Eglise. Et pour accomplir l'intention dudit defunct, obligent ladite Fabrique de faire dire les prieres & Messe dessus mentionnez, à l'intention dudit feu sieur Curé, comme juste & raisonnable, & sera inseré au Registre & Tableau des Obits de ladite de ladite Eglise, & mis autant du present Acte dans les tiltres de ladite Fabrique. Tout ce que dessus agreé par Maistre Iean le Roy, à present Curé de ladite Parroisse, & autres Habitans presens. Signé, DE BLOIS, DAVANNE, LE ROY, MERIEL, DV VAL, &c.

Approbation de l'establissement des Peres Penitents à Meulent, du premier Ianuier 1648.

In Nomine Domini. Amen.

NICOLAS DAVANNE Prestre, humble Prieur du Prieuré S. Nigaise, Ordre de S. Benoist au Fort de Meulent Diocese de Chartres, A tous ceux qui ces presentes Lettres verront, Salut en nostre Seigneur Iesus-Christ. Sçauoir faisons, Qu'en l'année 1620. Nous estant aagé de trente-deux ans, il plût à Dieu permettre que nostre indignité fut pourueuë de ce Prieuré à Meulent (lieu de nostre naissance) & deslors le premier soin fut selon nostre deuoir, d'y reparer beaucoup de ruines aduenuës par la caducité des lieux: dautant que l'Eglise & les premiers bastimens se trouuent auoir esté construits, il y a prés de six cens ans, par les pieux Comtes de Meulent Galeran, & Robert son fils (ainsi que nous auons naré en l'Histoire imprimée de sa fondation) & aussi qu'à l'occasion des guerres & aucunes non residences de nos deuanciers, n'y auoit esté fait les reparations necessaires. Plus par le mesme deuoir, nous cherchâmes les moyens d'y remettre vn meilleur ordre en l'Office diuin, décheu faute d'y auoir peu entretenir des Religieux selon son institution: en la dependance de l'Abbaye du Bec-Heloüin, où la regularité s'estoit par la longueur du temps, & malheur des troubles beaucoup diminuée, & en nostredit Prieuré entierement abolie, n'y ayant eu moyen d'y faire subsister Communauté reguliere, pour son peu de reuenu resté de la perte des biens, & alienations du temporel, pour les necessitez publiques du Royaume : Ce qui nous fit rechercher d'y remettre des Religieux, d'autres ordres Mendians ou rentez, esperant (comme c'estoit nostre desir) qu'auec leurs fonctions Regulieres ils peussent assister les Parroisses, pour ayder à l'administration des saints Sacremens, Sermons, Catechismes, visitation des malades, reconciliations, & autres semblables œuures de charité : A quoy nous ne pûmes paruenir, pour les difficultez à changer d'ordre vn Monastere. Ce qui fit tourner nos pensées à l'établissement d'vn Conuent de Religieuses, pour enseigner les ieunes filles afin qu'instruites à la deuotion, elles en peussent laisser des enseignemens à la posterité : ce qui reüssit assez heureusement en l'année 1637. par l'authorité, reception, & agréement de Monseigneur Messire François de Harlay, tres-digne Archeuesque de Roüen, qui se declara leur particulier Pere & protecteur, sollicité par le zele & charité de Monseigneur Messire Mathieu Mollé, lors Procureur General au Parlement de Paris, & à present premier President, secondé par l'ardente pieté de la defunte Dame Nicolaï son Espouse, qui s'estoient rendus cõsolateurs & nourriciers de deux venerables Religieuses refugiées à Paris des guerres de Picardie, lesquelles n'ayans pû s'arrester à Magny pendant deux ou trois ans qu'elles y sejournerent, en firent l'establissement à Meulent, au moyen d'vne aumosne de six mil liures que nous leur procurasmes, & la retraite que nous donnasmes à leur naissante Compagnie, en nostredit Prieuré S. Nigaise, où elles demeurerent deux à trois ans, pendant qu'on bastissoit leur Monastere, & leur Eglise, dont nous fismes la benediction, & y celebrasmes la premiere Messe en Ianuier 1642. par l'ordre dudit Seigneur Archeuesque. Or comme cet establissement de Religieuses n'auoit assez remply nostre desir, & celuy de nos Habitans, de voir des Religieux en cette Ville, & specialement dans vne si belle, & grande Eglise que celle de S. Nigaise, pour seruir de plus ample veneration, & decoration à nostre particulier

Apostre le mesme S. Nigaise, & à ses Saintes Reliques qui auec autres y reposent (& par leurs intercessions la misericorde de Dieu y fait beaucoup de Miracles.) Sa sainte Prouidence permit, que nous trouuasmes nouueaux moyens de satisfaire à cette nostre deuotion , par le secours des Reuerends Peres Benedictins de la Congregation & reformation de S. Maur en France, dont nous auions dés l'année 1626. fait vn establissement en nostre autre Prieuré de Nostre Dame de Bonnes-Nouuelles à Roüen, & pour eux rebasty de neuf ce Monastere : qui comme celuy-cy est de la mesme dependance de l'Abbaye du Becq, ou par mesme occasion nous auions trauaillé à les establir, pour restablir en l'vne & en l'autre Maison (comme ils ont saintement fait) l'exacte Regularité de S. Benoist ; Ce qui obligea ces Reuerends Peres à traiter auec nous, de faire vn pareil restablissement à S. Nigaise, pourquoy en l'année 1643. nous commençasmes d'y acquerir Maisons, accroistre & bastir de neuf les lieux propres & conuenables pour la Regularité, & depuis continué selon nos possibilitez, pendant lequel ouurage estant aduenu que les bons Religieux Peres Penitents du tiers Ordre S. François de la Prouince de Normandie (entre eux nommée de S. Yues) establis, & separez de ceux de France à Paris, chercherent les moyens d'auoir quelque Maison de secours, propre pour aller en leurs Monasteres de Vernon, Andely, Louuiers, Roüen, & autres, & jugeans cette ville de Meulent fort commode de iournée & de chemin, en firent ouuerture & suplication par Requeste presentée aux Ecclesiastiques, Officiers, & Habitans, sur laquelle il y eust assemblée publique , où nostre dessein pour S. Nigaise, ayant esté consideré, fut aduisé plus vtile à la ville, d'y auoir Religieux rentez, que des Mendians : pourquoy lesdits Peres Penitents furent remerciez, lesquels neaumoins perseuerans en leur desir, eurent recours à Mondit Seigneur l'Archeuesque de Roüen, qui présupposant l'agreement des Habitans, leur donna son consentement, & en consequence obtindrent permission du Roy, vindrent loger en maison d'emprunt, & depuis ont acquis lieux, erigé Chapelle, & Communauté, sous les promesses & protestations qu'ils firent lors, & depuis par eux souuent reiterees, tant en public qu'en particulier, de n'estre en charge à la Ville, ny d'y requerir aucune contribution à leur nourriture & logemens, & encores de n'y exercer la mendicité publiquement, ains eux contenter d'y chercher leurs necessitez discretement, & par les vilages circonuoisins, où ils pourroient secourir les Curez, promettans neantmoins ayder aux Eglises Paroissiales de la ville (s'il plaisoit à Messieurs les Curez les employer,) tant pour les Seruices diuins, celebration des Messes, Sermons, Catechismes, Confessionnaux, Reconciliations, Visitations, & assistances des Malades, que tous autres tels employs de deuotion, en sorte qu'ils donneroient ample contentement à vn chacun : A quoy jusques à present ils ont assez bien & vtilement satisfait, de sorte que beaucoup de personnes, lesquels (pour n'auoir lors connoissance de la sincerité de leurs intentions) auoient signé des oppositions à leur establissement, s'en sont retractez, & par autres signatures les ont approuuez. Or nous auec cette mesme reconnoissance, par l'experience de leurs exercices, conformes à l'execution de leursdites promesses, ayant de plus consideré que par leursdits exercices, ils ne pourront en aucune façon contrarier à nostre Monastere, & aux fonctions de nos Religieux, ains donnera, & aux vns & autres, vne sainte émulation pour mieux seruir Dieu & le public. Auons sur le requisitoire desdits Reuerends Peres Penitents Religieux de sainct François, (entend qu'à nous est,) agreé, & approuué, agreons & approuuons par ces presentes, leur establissement aux lieux qu'ils ont acquis dedans la Ville, au Diocese de Monseigneur l'Archeuesque de Roüen, pour y continuer leur residence & exercices aux conditions de leurs promesses dessus exprimées. Prions Dieu de tout nostre cœur, d'épandre sur eux, leur Monastere, & le nostre : comme aussi sur celuy des deuotes Religieuses : sa sainte Benediction, afin qu'entre ces trois Monasteres & les personnes voüées à Dieu qui y resident, & demeureront à l'aduenir : Comme aussi auec les trois Eglises Parois-sales, & Messieurs les Curez & Ecclesiastiques y deseruans, soit & demeure vne perpetuelle concorde, charitable amour, & sainte dilection, auec vne estroite association de deuotions, & prieres, pour mieux obtenir de Dieu les graces de sa protection, pour les sacrées personnes de nos Rois, des Roynes, des Princes, des Officiers, & du Royaume, & encores particulierement pour cette ville de Meulent, & tous ses Habitans, iusques à la consommation des siecles. Ainsi soit-il. Les presentes Lettres faites, escrites, & signées de nostre main, & à icelles apposé nostre seel audit Prieuré saint Nigaise à Meulent, le premier iour de Ianuier, l'an de salut 1648.

Signé, DAVANNE. Et seellé.

Restablissement de la Regularité à S. Nigaise, le 3. Octobre 1648.

AVjourd'huy Samedy 3. iour d'Octobre 1648. sont comparus pardeuant nous François de Blois, sieur de la Roche-Menandon, Conseiller du Roy, Maistre des Requestes ordinaire de la Royne Regente, President, Lieutenant general Ciuil & Criminel, au Côté & Bailliage de Meulent, Me Nicolas Dauanne Prieur Commendataire du Prieuré Conuentuel de S. Nigaise, au Fort de Meulent, Ordre de S. Benoist, Diocese de Chartres, membre dependant de l'Abbaye du Becq, & Reuerend Pere Dom Ioseph Taillandeau, Prieur des Religieux de ladite Abbaye dudit Ordre, & Congregation de saint Maur en France, assisté & authorisé de Reuerend Pere Dom Bernard Audebert Senieur, & l'vn des assistans du tres-Reuerend Pere Superieur General de ladite Congregation, accompagné du Reuerend Pere Dom Calixte Adam, Secretaire dudit Reuerend Pere General : Lesquels nous ont remonstré que par concordat fait entr'eux, du gré & consentement des Reuerends Peres de ladite Congregation, du 30. Iuillet 1643. passé pardeuant le Boucher & le Moyne, Notaires au Chastelet de Paris, ratifié au Chapitre de ladite Abbaye par Acte du 5. Octobre ensuiuant. Et par autre Contract de partage, passé deuant ledit le Moyne & Guilard Notaires à Paris, le 3. Decembre audit an, & encores confirmé par ledit Chapitre, le 10. Ianuier 1644. Le tout approuué par le Chapitre general de ladite Cõgregation, tenu à Vendosme, l'an 1645. Et de plus, lesdits concordats homologuez par Arrest de Nosseigneurs de Parlement, du 13. iour d'Aoust 1644. Il auroit esté accordé que la Conuentualité Reguliere seroit entretenuë audit Prieuré, qui depend de la Mission des Religieux de ladite Abbaye, lesquels enuoyeroiët en iceluy vn Prieur Claustral, & autres Religieux de ladite Abbaye & Congregation, au moins le nõbre de huict Prestres, pour par eux & leurs Freres conuers, & commis, occuper les lieux Reguliers, & y faire les fonctions, le deseruant ainsi qu'il appartient, selon les Constitutions de ladite Congregation, & ainsi qu'il est pratiqué au Prieuré de Nostre-Dame de Bonnes-Nouuelles à Roüen, aussi dependant de ladite Abbaye: A l'effet dequoy lesdits lieux Reguliers seroiët restablis & reparez: & pour ce faire & y paruenir, ledit partage auroit esté fait des domaines, droicts, & reuenus, dudit Prieuré, en trois lots, deux desquels auroient esté baillez & deliurez ausdits Religieux, tant pour leur viure & entretien, que pour la réedification desdits lieux reguliers: Ce qui auroit esté depuis fait, & le tout mis en estat d'habitation: Mesme l'Eglise fournie de Liures, linges & ornemens, comme lesdits lieux d'ameublemens pour la Communauté. Pour l'execution & accomplissement desquels traitez, se sont les susdits Religieux transportez en cette Ville, mesmes par ordre dudit Reuerend Pere general de ladite Congregation, auec le nombre de huict Religieux Prestres: Sçauoir, Dom Colombain Pilon pour Prieur Claustral, Doms Gabriel Brugnot, Paul Barbier, Nigaise de Betizy, Hilaire Cotinart, Hildephonce Heruieu, Anthoine Brugnart, & Dom Victoric Bultet, auec François Riolant

Conuers, & vn oblat; pour reprendre, & occuper les lieux des anciens Religieux qui y souloient resider, Nous prians & requerans pour plus grande solemnité de leur restablissement & introduction, mesmes attendu que l'execution des Arrests de Nosdits Seigneurs de Parlement (de la qualité de celuy cy-dessus datté à nous exhibé, nous appartient:) Il nous plaise assister à l'Acte d'icelle, inclinant à laquelle Requeste, & veu ledit concordat, Actes, & Arrest susmentionnez. Nous nous sommes, auec tous lesdits comparans susnommez, transportez au deuant du grand Portail de l'Eglise dudit Prieuré, où ledit sieur Prieur Commendataire les auroit fait tous entrer en icelle, & apres les y auoir benignement receus, & aspergez d'eau beniste, les a conduits deuant le grand Autel, où tous à genoux en nostre presence, & à l'assistance de grand nombre de peuple auroit esté chanté le *Veni Creator*, & autres Suffrages, puis procedé par ledit sieur Dauanne Prieur, à la benediction des lieux reguliers, ou auec lesdits Religieux ils auroient entré & passé processionnellement, Chantans Hymnes & Prieres: Apres rentrez en l'Eglise, ledit sieur Dauanne les auroit placez aux chaises du Chœur, & auec eux chanté le *Te Deum laudamus*, dit l'Antienne du *Salue Regina*, où ils ont finy leurs Prieres pour rentrer comme ils ont fait en l'entiere possession desdits lieux reguliers, ou nous les auons laissez. Et le lendemain iour de Dimanche sur le mesme requisitoire, Nous sommes transportez en ladite Eglise, ou lesdits Religieux ont commencé les Offices sur les huict heures du matin, ayant ledit Reuerend Pere Prieur du Becq celebré la grand' Messe à Diacre & soubs-Diacre, precedée des Heures Canoniales, & les aspersions de l'eau beniste, terminant ledit Office du matin par les prieres ordinaires pour le Roy, & pour la paix: & à vne heure de releuée, ont chanté None, Apres lesquelles ledit Dom Colombain estably Prieur Claustral estant monté en chaise a fait vne exhortation aux assistans sur le sujet de leur restablissement. Le Sermon finy, ont chanté Vespres solemnelles, assistant à tout ledit sieur Dauanne en sa place prioirale, & vn grand nombre de peuple, tant des habitans dudit Meulent, que des lieux circonuoisins, auec applaudissement & réjoüissance d'vn chacun pour la restauration dudit Monastere, tant en bastimens qu'en regularité, dont & de tout ce que dessus, les susnommez nous ont requis acte, a eux octroyé ces presentes, qu'auons fait rediger & signer par nostre Greffier ordinaire, les An, iours, & heures que dessus, Signé, Dauanne, de Blois, & Meriel Greffier.

Acte pour les Chasses & Reliquaires S. Nigaise, du 10. *Octobre* 1648.

AVjourd'huy Samedy 10. iour d'Octobre 1648. vigile de la feste S. Nigaise, sur les huict heures du matin, sont comparus deuant Nous François de Blois, Conseiller du Roy, Maistre des Requestes ordinaire de la Royne Regente, President Lieutenant general, Ciuil, Criminel, & Particulier, au Comté & Bailliage de Meulent, Maire perpetuel de la ville & Fort dudit Meulent, en nostre Hostel, en la presence de Maistre Robert Taillepied, Conseiller du Roy, & Esleu en l'Eslection de Mante & Meulent, Iean du Val Officier de Paneterie du Roy, Laurens du Val Marchant, Escheuins & Conseillers de Ville en charge la presente année, & Me Pierre Gars Conseiller & Procureur du Roy, & de ladite Vile, Me Nicolas Dauanne Prestre, Prieur Commendataire du Prieuré Conuentuel de S. Nigaise, Ordre S. Benoist, scitué au Fort de Meulent, Reuerends Peres Dom Colombain Pilon, Prieur Claustral, & Dom Hildephonce Heruieu Sacristin, lequel sieur Dauanne nous a remonstré, que suiuant l'vsage practiqué de longue antiquité audit Prieuré, en la Vigile & Feste S. Nigaise: comme aussi en la Vigile & iour de l'Ascension de nostre Seigneur, l'on expose en veneration publique les quatre Chasses, où sont les saintes Reliques de S. Nigaise Apostre du païs,

païs, & premier Archeuesque de Roüen, de S. Quirin, de S. Scuuicule, ses compagnons, & de saincte Pience jadis Dame de la Roche-guyon, qui ont soufert le martyre dans le premier siecle, lesquelles Chasses sont posées sur vn Tabernacle en vne haute Chapelle, où l'on monte par vn degré clos de deux portes fermantes & serures à clefs, de la premiere desquelles portes (qui est au pied dudit degré) nous sommes gardiens de la clef, comme luy Prieur est gardien de la clef de l'autre porte qui est au dessus ; ce partage de clefs ayant esté ainsi fait, à cause que lesdites saintes Reliques appartenant au public des habitans dudit Meulent, ont esté deposés en ce lieu, par les anciens Comtes de Meulent, lesquels pour leur veneration ont basty ladite Eglise, & fondé ledit Prieuré, pour y estre gardés par les Religieux, & par ce moyen empescher qu'ils n'en puissent estre diuertis, n'y transportez ailleurs, ainsi qu'il a esté remarqué par ledit sieur Dauanne en l'histoire de la vie & martyre dudit S. Nigaise, & fondation dudit Prieuré. Or dautant que depuis huict iours le restablissement des Religieux a esté fait audit Prieuré, auquel ils font à present & continueront à l'aduenir le seruice Diuin, ainsi que faisoient leurs predecesseurs, ledit sieur Dauanne nous a requis vouloir deliurer ausdits Doms Colombain Pilon Prieur Claustral, & Hildephonce Heruieu Sacristin, nostredite clef, comme il a fait celle dont il estoit seul gardien, pendant le temps que la communauté religieuse auoit cessé audit Prieuré, pour par lesdits Religieux à present directeurs du seruice Diuin, reprendre le soin de decorer les lieux, & faire ladite exposition publique, & nous remettre nostredite clef aprés la Feste, suiuant l'vsage ordinaire, & en la mesme sorte qu'on a accoustumé de faire la vigille & iour de l'Ascension de nostre Seigneur, pour estre lesdites saintes Reliques portés en la Procession generale qui se fait ledit iour pour leur veneration, de laquelle Procession & Offices lesdits Religieux reprendront la direction & conduite au lieu & place de leurs Predecesseurs. A laquelle Requeste inclinant, Nous Iuge & Maire susdit, du consentement desdits sieurs Echeuins, & Procureur de ville, Auons deliuré ausdits reuerends Peres Religieux nostredite clef, laquelle tant pour eux qu'au nom de leur communauté ils ont promis de nous la remettre és mains aprés ladite Feste S. Nigaise, & ainsi annuellement estre respectiuement deliurée & renduë, comme il se fera la vigille & le iour de l'Ascension, ainsi qu'il a esté pratiqué cy-deuant; sans qu'il soit besoin à l'aduenir d'en faire autres Actes par écrit que le present, qui seruira ausdits Religieux pour les maintenir; & nous pareillement en la garde & possession desdites saintes Reliques & clefs d'icelles, suiuant & conformement à la pieuse intention des Fondateurs de ladite Eglise & Prieuré: & pour plus grande approbation des choses susdites ont promis lesdits Religieux le faire reconnoistre & agréer en l'assemblée capitulaire de leurdite Communauté, dont sera fait Acte pour estre deposé au Greffe de la ville, & le present, fait par nous, le iour, an, & heure que dessus. Signé, de Blois, Dauanne, & Meriel, Greffier.

Caue de Sepulture à S. Nigaise pour Monsieur de Blois Lieutenant, sa femme & ses enfans, & leurs fondations, des 18. Feur. 1639. & 24. Nouembre 1648.

PArdeuant Simon Pailleur, Substitud commis pour l'absence de Simon Doullé Notaire & Tabelion Royal au Comté & Bailliage de Meulent: furent presens en leurs personnes Me Nicolas Dauanne Prestre, Prieur du Prieuré S. Nigaise au fort de Meulent, d'vne part: & Mr Me François de Blois, sieur de la Roche menandon, Conseiller du Roy, Maistre des Requestes ordinaire de la Royne, President, Lieutenant General, Ciuil & Criminel au Comté & Bailliage de Meulent: & Damoiselle Anthoinette du Tiers sa femme, d'autre part; lequel sieur Prieur sur la priere & requeste à luy faite par ledit

Sieur & Damoiſelle. & pour ſubuenir à leur deuotion enuers ladite Egliſe S. Nigaiſe, & aux merites & prieres du meſme ſaint, & autres venerés en icelle Egliſe, dont ils ont receu, & eſperent receuoir beaucoup de graces & faueurs enuers la miſericorde de Dieu, tant en leur vie qu'en leur mort. Pourquoy ils deſireroient d'y élire leur ſepulture, & celle de leurs enfans (s'il plaiſt à la diuine bonté leur en donner d'autres que leur premier né nagueres decedé, & inhumé en ladite Egliſe;) leur a iceluy ſieur Prieur par ces preſentes octroyé, qu'ils puiſſent faire faire quand bon leur ſemblera dans le milieu de la croiſée droite d'icelle Egliſe, deuant la Chapelle de la Paſſion, à l'endroit qui y ſera marqué par ledit ſieur Prieur, vn caueau de huit pieds de long, ſix de large, & ſix de hauteur, le tout dans œuure, baſty en maſſonnerie, où il y aura vne petite deſcente à degrez fermée d'vne pierre ſcelée auec anneaux de fer: ſur lequel Caueau pourra eſtre poſé vne tombe grauée, ſans que le tout excede le niueau du paué de l'Egliſe: Auquel Caueau leſdits Sieur & Damoiſelle, & leurſdits enfans pourront faire leurs ſepultures: & encores leur octroye ledit ſieur Prieur, qu'ils puiſſent faire poſer Epitaphes de pierre & marbre ſur crampons & pates de fer contre les murs d'icelle Chapelle, aux endroits qui ne puiſſent empeſcher les veuës, & entrées qu'on y voudroit faire. Sans que pour leſdits Caueau, Inhumation, & Epitaphes, leſdits Sieur & Damoiſelle & leurſdits enfans, puiſſent s'attribuer ny pretendre aucun droit de littres, & ceintures funebres, appoſition d'Armes; ny ſoy préualoir d'aucune diſpoſition d'icelle Chapelle, qui demeurera à l'entiere liberté dudit ſieur Prieur & ſucceſſeurs, comme elle eſtoit auparauant le preſent octroy; en faueur duquel leſdits Sieur & Damoiſelle, ont dés à preſent, & par ces meſmes preſentes fondé & fondent en icelle Chapelle, deux obits d'vne Meſſe haute, & vigilles, qui ſeront dits & celebrez par ledit ſieur Prieur, ou deſeruans ladite Egliſe, ſans aucune repreſentation, torches, luminaires, ny autres ornemens que l'ordinaire d'icelle Egliſe, vn pour ledit ſieur de Blois, & l'autre pour ladite

Damoiselle sa femme, à les commencer aprés la deceds & inhumation de chacun deux, à pareils iours qu'ils decederont chacun an, ou autres iours suiuans non empeschant l'Office des Festes, & Dimanches, lesquels seruices seront le soir precedent sonnez au soin du Clerc d'icelle Eglise, par le seul tintement de la grosse Cloche jusques à cent coups; & pour icelle fondation lesdits Sieur & Damoiselle, ont presentement donné & aulmosné audit Prieuré acceptant par ledit sieur Prieur, auec promesse de faire ioüir & garentir de tous troubles l'vn pour l'autre seuls, & pour le tout; renonçans, &c. Le fonds & proprieté d'vn quartier de pré ou enuiron, la piece ainsi qu'elle se poursuit & comporte, assis au terroir des Mureaux au lieudit les prés S. Nigaise, tenant d'vn costé Iacques Barbot, d'autre costé Iacques Boüillant, d'vn bout lesdits prés S. Nigaise, & d'autre bout le chemin des Mureaux à Verneüil; à eux appartenant par acquest qu'ils en ont fait, par contract du septiéme iour de ce mois, deuant le mesme Commis, de Maistre Martin Pasquier Conseiller du Roy, Commissaire examinateur en l'Election de Mante & Meulent, auquel il appartenoit au droit de Louyse Gars sa femme, & écheu en son lot de partage des biens de deffunt Guillaume Gars son pere, à qui ledit sieur Prieur l'auoit baillé, auec autres heritages, en échange d'vne grange, & lieu sciz à Fresnes; estant ledit quartier de pré en la Censiue dudit Prieuré, à quatre sols parisis pour arpent, par chacun an le iour S. Remy, ainsi que les voisins, pour en ioüir par ledit sieur Prieur & ses successeurs en tous fruicts, à commencer seulement incontinent aprés le deceds du premier mourant desdits sieur & Damoiselle, jusques auquel temps ils s'en sont reseruez & reseruent l'vsufruit; car ainsi, &c. promettans, &c. obligeans, &c. renonçans, &c. Fait & passé audit Prieuré en presence de Me Nicolas Iosset Prestre Chapelain deseruant en iceluy, & Sulpice Verneüil y demeurant témoins, qui ont auec lesdites parties, & commis, signé à la minutte des presentes, suiuant l'Ordonnance le dix-huictiéme iour de Feyrier mil six cens trente-neuf deuant midy, signé Doullé.

Seconde Fondation.

PArdeuant Iean Meriel Notaire & Tabellion Royal, conioinctement auec Simon Doullé au Bailliage & Comté de Meulent: furent presens en leurs personnes Dom Colombain Pillon Prieur Claustral du Prieuré conuentuel de S. Nigaise au fort de Meulent, Ordre S. Benoist, de la Congregation de S. Maur en France, Doms Gabriel Brugnot, Paul Barbier, Nigaise de Betisy, Hilaire Cotinac, Hildephonce Heruieu, Anthoine Brugnart, & Victoric Bullet, tous Prestres Religieux faisans à present l'entiere communauté dudit Prieuré, assemblez en leur Chapittre, en la presence & assistance de venerable & discrette personne Maistre Nicolas Dauanne Prestre Prieur commendataire dudit Prieuré, d'vne part: & Monsieur Maistre François de Blois Conseiller du Roy, Maistre des Requestes ordinaire de la Royne Regente, President, Lieutenant General, Ciuil & Criminel au Bailliage & Comté de Meulent, d'autre part; Lesquels Reuerends Peres Religieux, apres auoir veu, leu, & examiné le Contract fait & passé pardeuant Simon Pailleur, Substitud pour l'absence de Simon Doullé Notaire & Tabellion Royal audit Meulent, le dix-neufiéme Feurier mil six cens trente-neuf, entre ledit sieur Dauanne, & ledit sieur de Blois, contenant l'octroy de Sepulture pour luy, la Damoiselle sa femme, & enfans en vn Caueau qu'il feroit, dans la croisée de l'Eglise dudit Prieuré, deuant la Chapelle de la Passion: & la fondation de deux obits d'vne Messe & Vigilles par chacun an aux iours des deceds de luy, & de sadite femme, sans representation, torches, luminaires, n'y autres ornemens que l'ordinaire de ladite Eglise; & pour ce donné vn quartier de pré aux Mureaux de la dependance dudit prieuré, selon que le tout est plus amplement exprimé audit Contract, en execution duquel ledit sieur Dauanne prieur, & ledit sieur de Blois ont dit ledit Caueau auoir esté fait, & dans iceluy mis le corps du fils premier Né dudit sieur de Blois, Lesdits Reuerends Peres Religieux ont declaré qu'ils loüent & approuuent la deuotion dudit sieur Blois, & en consequence de la permission que leur a esté donnée par le tres-Reuerend Pere Superieur General de ladite Congregation de Saint Maur en France (dont la teneur sera Inscripte en la fin des presentes) confirment, & ratifient ledit Contrat, acceptent la fondation, & promettent entretenir, & executer les Charges d'icelle, a l'explication toutefois, qu'il sera dit Vespres des Morts indirectum en suitte des Vespres du Chœur, & les Vigilles se diront de mesmes apres Complies, pour le lendemain dire la Messe de Requiem au Chant ordinaire, & en fin le Libera, Prieres, & absolutions accoustumez, a l'entour d'vne representation qui sera mise sur le lieu de la sepulture auec quatre cierges, sans torches, desquels seruices la sonnerie sera comme il est dit par ledit contract, de cent coups du tintement de la grosse Cloche pendant les Vespres du Chœur, pour seruir ausdites Vespres des Morts, & encores autant le Matin, auant que commancer la Messe, qui sera dite a l'heure, & au lieu de la Messe conuentuelle du iour, cette explication estant ainsi faite, pour se conformer aux obseruances de ladite Congrégation de saint Maur. De plus, pour la consolation que reçoit ledit sieur de Blois, du restablissement desdits Religieux audit Prieuré, & la bonne obseruance qu'il espere, s'y continuer, desirant que luy, sa femme, & famille, soient participans en leurs prieres. A fondé par ces presentes en la mesme Chapelle de la Passion, vne Messe basse les premiers Vendredis de chacun mois, sur les neuf à dix heures à la commodité desdits Religieux, qui la diront de la Passion, si l'on peut, sinon du iour, pendant le viuant dudit sieur de Blois, & de sadite femme, & apres le deceds du premier d'eux, conuertie en Messe de Requiem à l'intention du decedé. Pour laquelle Fondation, & ce qui seroit besoin pour la précedente : ledit sieur de Blois se charge de payer & rachapter pour lesdits Religieux, sept liures dix sols de rente, qu'ils doiuent par chacun an le iour S. Martin d'Hyuer, par Contract du 16. Iuillet 1642. racheptables de cent cinquante liures, à la veufve ou enfans de Iacques Moisy, pour l'acquisition d'vn quart de maison, où sont à present les caues, salle d'hostes, & chambres d'au dessus, rebasties pour lesdits Religieux, & appliquez à present en leurs lieux reguliers, à commancer la presente fondation le premier iour de Decembre prochain, & ledit sieur de Blois, à payer ladite rente le iour S. Martin ensuiuant. Ce qui a esté aussi accepté par lesdits Religieux, à la priere & consentemẽt dudit sieur Dauanne Prieur, & de la mesme permission dudit tres-reuerend Pere Superieur general. Si comme les parties ont dit, &c. promettans par elles respectiuement, auoir agreable, tenir & executer à tousiours le contenu en ces presentes soubs l'obligation & hipoteque de tous leurs biens presens & à venir, renonçans à toutes lettres contraires à ces presentes; qui furent faites, passées, & arrestées au lieu Capitulaire dudit Prieuré le vingt-quatriéme iour de Nouembre mil six cens quarante-huict, és presences de Guillaume Racine marchand mercier demeurant audit Fort de Meulent, & Sulpice Verneüil Bourgeois dudit lieu témoings, qui ont auec les parties, & Notaire signé à la minute des presentes.

Ensuit la teneur de la susdite permission du tres-reuerend Pere Superieur general de la Congregation de S. Maur en France.

FRERE IEAN HAREL humble Superieur general de la Congregation de S. Maur en France, Ordre S. Benoist, Sur ce qui nous a esté representé par nos tres-chers Confreres, le Pere Prieur Claustral, & Religieux du Monastere S. Nigaise de Meulent, que monsieur de Blois President, Lieutenant general, Ciuil & Criminel dudit Meulent, porté de zelle & affection enuers ledit Monastere, auroit cy-deuant fondé deux obits d'vne Messe haute & Vigiles par chacun an, & esleu sa sepulture en ladite Eglise, par contract fait entre monsieur Dauanne, Prieur commendataire dudit S. Nigaise, & ledit sieur de Blois, passé deuant Simon Pailleur Nottaire Royal à

Meulent le 18. Février 1639. & encores que ledit sieur Lieutenant general depuis le rétablissement de la communauté audit monastere de Meulent, auroit proposé audit sieur Dauanne & à nosdits Confreres de faire vne autre fondation en la chapelle de la passion d'vne messe basse les premiers vendredis de chacun mois, à l'intention dudit sieur Lieutenant, la Damoiselle sa femme & de sa famille, afin d'estre participans aux prieres, messes, & autres seruices qui s'y font de iour & de nuict audit Prieuré par la communauté, ainsi qu'il nous est apparu par la deliberation Capitulaire, requerant nostre permission, tant pour accepter ladite fondation de l'an 1639. que celle que ledit sieur Lieutenant desire faire presentement, Veu ledit concordat passé deuant ledit Simon Pailleur, & acte capitulaire, & iceluy communiqué aux reuerends Peres assistans, & tout meurement consideré : Nous desirant seconder les intentions dudit sieur Dauanne Prieur, & reconnoistre la bonne volonté & affection que témoigne ledit sieur Lieutenant enuers nosdits Confreres, leur auons permis & permettons par ces presentes d'accepter l'vne & l'autre fondation, & d'en passer les actes requis & necessaires, & feront entendre ausdits sieurs Prieur, & Lieutenant general, ce qui est prescript par nos constitutions pour l'heure & temps destiné pour reciter les Vigilles des morts, & les prier trouuer bon qu'ils s'y conforment. Fait à Paris en l'Abbaye S. Germain des prez le neufiéme iour de Nouembre mil six cens quarante huict, signé Frere Iean Harel, & plus pas par commandement du reuerend Pere general, F. Calixte Adam, seelé, & collationné à l'original, & à l'instant rendu par moy Notaire susdit & laissé ladite permission ausdits reuerends Peres Religieux. Signé, Meriel. Au dessous écrit,

Ladite rente de sept liures dix sols, a esté rachetée par ledit sieur Lieutenant, par Acte passé deuant ledit Meriel le cinquiéme Decembre mil six cens cinquante-vn, & tous les contracts émargez, Signé, DAVANNE.

Fondations

Fondations de la Dame Ducheſſe de Dampuille, & ſa Mere, du 6. Aouſt 1651.

PAR le teſtament de feuë Haulte & Celebre Dame Anne le Camus de Iambeuillé, Dame dudit lieu, Meſy, Marquiſe de Maillebois, Baronne de Chaſteau-neuf en Thimarais, &c. decedée à Paris le douziéme Fevrier 1651. lors épouſe de Monſieur le Duc de Dampuille, Vantadour, ledit teſtament eſcrit de la main d'icelle Dame, en datte du ſixiéme Aouſt, mil ſix cens cinquante, & autres codiciles ſuiuans, demeuré és mains de Caron Notaire à Paris, par acte dudit 12. Février 1651. (Appert) que ladite Dame a fait de grands Legs pieux, & nommé pour executeurs Monſieur le Gras Maiſtre des Requeſtes, & Monſieur l'Abbé de Leſſeuille ſes Couſins, & encores Monſieur Dauanne Prieur de S. Nigaiſe à Meulent, auec le ſieur Claude Mayart ſon ſecretaire; & par ledit teſtament, Elle a fondé à Iambeville vne Meſſe baſſe par ſepmaine, & trois obits par an pour ſon pere, ſa mere, & elle: & pour ce donné à la Fabrique ſoixante liures de rente, & outre vingt liures de rente, pour l'entretien de la lampe ardente deuant le tabernacle, leſdites rentes à prendre ſur ſes aquets audit Iambeville, & à Maillebois, elle fonde vne Meſſe par iour & quatre ſeruices par an, & pour ce a donné aux Chanoines ſept mil liures, qui ſeront par ſes heritiers mis en acquets qui feront trois cens cinquante liures de rente, & outre a donné vingt liures de rente pour la Lampe, & trois liures de rente pour l'Office du iour ſainte Anne: des Tabernacles, des Ornemens, & autres deuotions: La vertu & pieté de ſa mere a eſté loüable & merite icy la remarque qu'elle a fondé de ſon viuant, vne Meſſe chacun iour à Maillebois, donné aux Chanoines trois cens ſoixante liures de rente, & à la Cure huict vingt liures aussi de rente, elle estoit grande aulmoniere; & moy Dauanne l'ay assistée en telles deuotions, dont ie puis rendre cette loüange apres leurs deceds qui ont esté heureux, selon que l'on doit esperer en la misericorde de Dieu.

Arrest pour Reglement des Processions S. Nigaise, du 2. Septembre 1651.

Extraict des Registres de Parlement.

NTRE Maistres Pierre Pucelet, Prestre soy-disant Curé de l'Eglise Parochiale de S. Nicolas de Meulent, Gilles Vidou aussi prestre, se disant Curé de l'Eglise parochiale de Nostre Dame dudit Meulent, & Iean le Roy aussi prestre, soy-disant Curé de l'Eglise S. Iaques au fort de Meulent, appellans d'vne Sentence donnée par le Lieutenant géneral de Meulant, le 13. iour de May 1649. & demandeurs en requeste judiciaire, & en complainte, d'vne part. Et les Religieux, Prieur, & Conuent des Benedictins du prieuré conuentuel de S. Nigaise dudit Meulent, eux disans patrons & curez primitifs desdites paroisses, inthimez, & demandeurs en requeste presentée au Bailly dudit Meulent le 7. May audit an 1649. Et les Religieux Abbé, & Conuent de l'Abbaye du Becq-heloüin, Ordre de S. Benoist, Congregation S. Maur, receus parties interuenantes, selon l'ordonnance estant au bas de leur Requeste du 21. Mars 1650. d'autre: Et encores entre ledit le Roy demandeur en Requeste du 26. Auril 1651. d'vne part: & lesdits Religieux, Prieur & conuent dudit prieuré S. Nigaise, membre dependant de ladite Abbaye du Becq, patrons fondateurs, & curez primitifs desdites Eglises parochialles de nostre Dame, S. Nicolas & S. Iacques dudit Meulent; & les Religieux, Abbé, & Conuent de ladite Abbaye deffendeurs d'autre. Veu par la Cour ladite sentence dont est appel du 13. May 1649. par laquelle par prouiſion, & ſans prejudice des droits des parties, auroit eſté ordonné que leſdits Prieur & Religieux S. Nigaiſe precederoient leſdits Curez en la proceſsion, & auroient la direction du chant, & ceremonies d'icelle; enjoint auſdits Curez de s'y trouuer auec leur Clergé. Ladite Requeſte judiciaire & complaincte des appellans, incerée dans l'Arreſt du 23. May 1650. tendante & concluante à ce qu'ils fuſſent maintenus & gardez és qualitez de Curez deſdites Egliſes de la ville & fort de Meulent, dixmes, oblations, & autres droicts Curiaux, & d'auoir la préſceance, & direction du Chœur & chant des proceſsions de l'Aſcenſion, & autres iours, deffences aux inthimez de les troubler, & s'attribuer la qualité de Curez primitifs, & qu'icelle enſemble celles de Vicaires perpetuels donnez aux appellans par leſdits inthimez, ſeroient rayées & biffées: & pour le trouble commis par les inthimez, ils fuſſent condamnez és dommages, & intereſts deſdits appelans, ſans auoir égard à leur complainte, dont ils ſeroient deboutez, & condamnez és dépens. La Requeſte du 7. May 1649. preſentée au Bailly de Meulent par leſdits Religieux, Prieur, & Conuent dudit S. Nigaiſe, contenant leur demande audit principal, à ce que leſdits appellans fuſſent tenus de ſe rendre à leur deuoir accouſtumé és iours des proceſsions, & receuoir des inthimez les ordres qui leurs ſeroient preſcripts comme leurs Superieurs. Ladite Requeſte du 21. Mars 1650. ſur laquelle de l'ordonnauce de ladite Cour, leſdits Religieux, Abbé, & Conuent de ladite Abbaye du Becq-heloüin auroient eſté receus parties interuenantes, & à ſe joindre auec leſdits Religieux, Prieur, & Conuent dudit S. Nigaiſe leurs confreres, pour y deduire conjointement leurs intereſts. Arreſt dudit iour 23. May 1650. par lequel, ſur ledit appel les parties auroient eſté appointées au Conſeil, & ſur les complaintes reſpectiues, & autres demandes, en droict, & cependant, ſans préjudice des droicts des parties au principal, auroit eſté ordonné, qu'en la procession qui se feroit le iour de l'Ascension, Que les religieux iroient à la main droite, & les Curez à la gauche, depens reseruez : causes d'appel, responces, escriptures, & productions des parties : Requeste desdits religieux nostre Dame du Bec employée pour escriptures, & production sur ladite interuention : contredits des appelans : contredits des inthimez, & interuenans employez pour contredits & saluations, suiuant l'Arrest du 15. Nouembre dernier : Ladite requeste du 26. Auril dernier, à ce qu'en cas que la Cour iugeast lesdits religieux & Abbé du Bec, prieur & religieux de S. Nigaise, curez primitifs, ils fussent en ladite qualité solidairement condamnez payer audit le Roy portion congrue de trois cens liures, & autres deux cens liures pour vn Vicaire, reparer le chœur & chancel de ladite Eglise S. Iacques, fournir liures & ornemens pour faire le seruice d'icelle, le tout sans preiudicier à ladite instance de complaincte : defences : appointement en droict : productions des parties, deux productions nouuelles desdits appelans : contredits desdits religieux & prieur de saint Nigaise : Religieux & Abbé du Becq : Requeste de saluations : conclusions du procureur general, & tout consideré : Dit a esté, Que ladite Cour en tant que touche l'appel, interuention, & requeste du septiesme May, ayant esgard à ladite interuention, A mis & met l'appellation au neant : Ordonne que ce dont a esté appelé sortira effet, & que ce qui a esté ordonné par prouision par ledit Lieutenant general de Meulent demeurera difinitiuement. Ce faisant le Curé de S. Iacques le iour S. Marc : & lesdits trois curez les trois iours des Rogations, & le iour de l'Ascension seront tenus se rendre en ladite Eglise S. Nigaise, auec leur clergé & paroissiens, pour assister lesdits Religieux és processions & stations accoustumées de Messy, Hardricourt, Mureaux, & par les rues de la ville, & fort dudit Meulent ; esquelles processions les Croix desdites parroisses marcheront deuant, celle desdits Religieux apres, & en suitte le clergé &

prestres desdites parroisses à droit & à gauche, puis lesdits Curez qui marcheront deuant lesdits religieux, aussi tant à main droite qu'à ladite main gauche, lesquels religieux auront la direction du chant & ceremonies desdites processions, & enfin les chapiers, officians, & le celebrãt: lesquels curez seront tenus reconduire lesdites processions en ladite Eglise S. Nigaise, y entédre la messe, & autres prieres qui s'y feront au retour. Auront lesdits curez seances aux hautes chaises de ladite Eglise S. Nigaise apres lesdits Religieux, & leur clergé és basses chaises: Ce qui sera obserué aux autres processions generalles ordonnées & indiquées par qui, & pour quelque cause que ce soit: A cette fin seront tenus lesdits curez communiquer audits religieux les ordres qu'ils receuront pour faire icelles, & les executer en la forme que dessus, sans despens entre les parties: Condamne les appelans en vne amande ordinaire de douze liures tournois. Et pour faire droit sur la qualité de curez primitifs, & autres demandes des parties, les a renuoyé & renuoye pardeuant ledit Lieutenant general de Meulent, pour y contester, & leur estre fait droit ainsi qu'il appartiendra, despens pour ce regard reseruez. Prononcé le deuxiéme iour de Septembre mil six cens cinquante-vn. Signé, Guyet. M. le Preuost, Rapporteur.

LOVIS par la grace de Dieu Roy de France & de Nauarre: A nostre Amé & féal Conseiller, le Lieutenant general de Meulent, Salut. A la supplication des religieux, Prieur & conuent du Prieuré conuentuel sainct Nigaise de Meulent, Ordre sainct Benoist, Congregation sainct Maur. Nous vous mandons, pour l'execution de l'Arrest cy-attaché, sous le contre-seel de nostre Chancellerie, par eux obtenu en nostre Cour de Parlement à Paris à l'encontre de Pierre Pucelet, Gilles Vidou, & Iean le Roy y dénommez: faire tout ce qui sera necessaire, & aux parties de proceder deuant vous au desir d'iceluy, & de tenir la main à ce qu'il soit executé selon sa forme & teneur: & au premier Huissier ou Sergent sur ce requis, faire tous exploits requis & necessaires, encores que ledit Arrest ne soit que par extraict, & faictes aux parties oüyes bonne & briefue iustice: & en outre proceder comme de raison: Car tel est nostre plaisir. Donné à Paris le deuxiéme iour de Septembre l'an de grace mil six cens cinquante-vn, & de nostre Regne le neufiéme, Signé par le Conseil, le Iuge, & seelé de cire jaune.

Procez verbal pour l'execution de l'Arrest cy-dessus, du 6. May 1652.

L'AN mil six cens cinquante-deux, le Lundy des Rogations sixiéme iour de May. Nous François de Blois Conseiller du Roy, Maistre des Requestes ordinaire de la Reyne, President Lieutenant general, ciuil, & criminel, particulier, enquesteur, commissaire examinateur au Comté & Bailliage de Meulent, Maire perpetuel de ladite ville & fort, & commissaire en cette partie deputé par Arrest de Nosseigneurs de la Cour de parlement, du deuxiéme Septembre mil six cens cinquante-vn, sommes transportez au son de la cloche qui a esté sonnée en l'Eglise de S. Nigaise de Meulent enuiron les sept heures du matin, auec Me Iean le Roy curé vicaire de l'Eglise S. Iacques audit fort, assisté de son Clergé & parroissiens en ladite Eglise S. Nigaise, où estans, nous auons troué le Prieur & Religieux dans les hauts siéges & places ordinaires qui attendoient le reste du clergé de la ville, pour faire la procession par les ruës dudit fort, attendu que le sieur de la Chesnaye Gouuerneur n'auoit pas troué à propos que le peuple sortit les portes dudit fort & de la ville pour accompagner la procession és lieux ordinaires & accoustumez, crainte d'insulte des ennemis du Roy qui estoient proches, qui pourroient prendre aduantage de cette occasion pour vser de surprise, & apres auoir attendu l'espasse d'vne demy heure, le Reuerend Pere Prieur dom Collombin Pillon nous auroit remonstré, que les Curez Vicaires de la Ville manquoyent a leur deuoir, & à satisfaire à ce qu'il leur estoit enioint par l'Arrest de Nosseigneurs de la Cour, & qu'il ne pourroit plus diferer de faire la processiō, dautāt que l'heure s'en passoit, requeroit qu'il nous pleust luy donner Acte de sa remontrance. A quoy nous aurions reparty, que le Clergé de la ville auoit peut-estre esté empesché de se rendre en cette Eglise, & à son deuoir, plutost à cause de la difficulté du passage de la riuiere par le Bacq à cause de la rupture du pont : mesmes nous l'aurions exorté de se vouloir donner vn peu de patience pour quelque temps, & que nous alions enuoyer pour les faire passer en diligence, & leurs Parroissiens, Habitans de la ville: & à l'instant nous aurions enuoyé vn homme qui nous auroit rapporté que lesdits Curez Vicaires de la ville n'estoient pas sur le port, & qu'ils faisoient en leur particulier la procesion dans les ruës de la ville, dequoy ayant donné aduis audit R. Pere Prieur, il nous en auroit requis Acte: & ausi tost auroit commencé les prieres, & fait partir la procession, en laquelle le sieur Curé Vicaire de S. Iacques, auec M. Robert Cheualier son Vicaire, ayant pris le lieu & place à eux donné par l'Arrest, auroiēt assisté depuis le commencement de ladite procession & au retour d'icelle dans l'Eglise S. Nigaise à la Messe, qui y fut dite & celebrée par l'Hebdomadier Religieux, & à toutes les prieres qui furent faites en suitte.

Et le l'endemain, qui estoit le Mardy 7. iour desdits Mois & an, Nous Iuge & Commissaire susdit, sommes transportez, comme dessus, en ladite Eglise du Prieuré de S. Nigaise, auec les autres Habitans du Fort & Paroissiens, conduits par ledit M. Iean le Roy, Curé Vicaire de ladite Paroisse S. Iacques : en laquelle Eglise saint Nigaise, se seroit ausi trouué M. Pierre Pucelet, Curé Vicaire de la Paroisse saint Nicolas, auec son

Clergé, & Paroissiens, & non le Curé Vicaire de nostre Dame Ce qui auroit obligé ledit Reuerend Pere Prieur de nous requerir Acte de l'inobeissance, & contrauention faite par ledit Curé Vicaire de nostre Dame, à l'Arrest rendu contradictoiremẽt cõtre luy, & de sa remontrance: ce que nous luy aurions octroié.

Apres quoy, il auroit fait commencer les prieres publiques & fait marcher la procession dans les rües du Fort, pour les raisons que dessus: au retour de laquelle l'on seroit rentré dans l'Eglise S. Nigaise, où la Messe auroit esté dite par le mesme Religieux semainier: lesdits Curez, Vicaires de S. Iacques, & de S. Nicolas y assistans, assis au dessous des Religieux sur les hauts siéges, ainsi qu'il est ordonné par ledit Arrest & leur Clergé sur des petits siéges plus bas, où ayans attendu la fin des prieres, ils se seroient retirez de l'Eglise dudit S. Nigaise, & chacun retourné en celles de leurs Paroisses.

Et le mercredy huictiéme du mesme mois & an, Nous Iuge & commissaire susdit, sommes derechef transportez, comme dessus processionnellement en ladite Eglise de S. Nigaise au son de la cloche: en laquelle Eglise, se seroient aussi tost trouuez Maistre Iean le Roy, prestre Curé Vicaire de S. Iacques du Fort, Maistres Pierre Pucelet, & Gilles Vidou, Curez Vicaires des Paroisses de S. Nicolas, & de nostre Dame de la ville de Meulent auec leur Clergé & Paroissiens, qui auroient pris leurs places assignées par l'Arrest, tant en ladite Eglise, qu'en la procession qui fut faite au village des Mureaux, lieu ordinaire & accoustumé pour ce iour: & la Messe ayant esté dite par vn Religieux dans l'Eglise de la Paroisse dudit village, en suitte de laquelle, ils seroient rentrez dans ladite Eglise saint Nigaise, repris leurs places & seroient sortis apres les prieres en mesme ordre qu'ils y estoient entrez, apres auoir ponctuellement obey audit Arrest de Nosdits Seigneurs.

Comme aussi le lendemain, qui estoit le iour & Feste de l'Ascension de nostre Seigneur, lesdits Curez Vicaires de saint Iacques,

Iacques, de S. Nicolas, & de nostre Dame, ayans asisté à la procession Generale & haute Messe, dont & dequoy lesdicts R. Peres Prieur & les Religieux nous auroient requis Acte, pour leur seruir en temps & lieu, ce que nous leur aurions accordé les iours, mois, & an que dessus, en témoin dequoy auons signé le present procez verbal de nostre seing manuel, signé F. de Blois, & Fr. Colombain Pillon.

Donation à l'Eglise de Jambeville d'une Maison pour le Clerc & les Escholes, du 4. Ap. 1652.

A Tous ceux qui ces presentes Lettres verront, le Garde du seel Royal au Bailliage & Comté de Meulent : Salut, sçauoir faisons que par deuant Simon Doullé Notaire, & Tabellion Royal audit Meulent soubsigné, Fut present maistre Nicolas Dauanne prestre, natif de Meulent, Prieur du Prieuré nostre Dame de Iambeville & de S. Nigaise au fort de Meulent y demeurant, auec les Religieux qu'il y a restablis; lequel en reconnoissance des graces qu'il a receus de Dieu, en l'administration de ses benefices, desirant continuer d'en employer les reuenus vtilement à la décharge de sa conscience, pour rendre à Dieu ce qui luy appartient pour la restauration des Eglises, de ses Ornemens, & du secours des pauures, voulant faire son deuoir pour l'Eglise & parroisse de Iambeville, A par ces presentes fait, & fait don à ladite Eglise & Fabrique, d'vne maison, court, & iardin faisant vn quarré proportionné sciz au village dudit Iambeville, tenant d'vn costé le Presbitaire, d'autre costé la maison & lieu qui fut à Pierre Hibouſt, d'vn bout vn morceau de terre qui fut à Maurice Girouſt, aquis par feuë Madame dudit Iambeville, & d'autre bout la ruë, ledit lieu acquis par ledit sieur Prieur, de Françoise Girouſt, & des heritiers de Martine Girouſt sa sœur, par contract deuant Noel

Besanson Notaire à Mante, le vingt-vn May mil six cens quarante, en la censiue de la seigneurie dudit Iambeville, aux fins d'en faire la presente donation : Laquelle il fait, pour ladite maison & lieu seruir à loger vn Vicaire, où le Clerc qui seruira à l'Eglise, & tiendra les Escolles pour instruire la jeunesse, sans que les Marguilliers, n'y habitans puissent aliener ladite maison & lieu, ny la bailler à loüage, afin qu'elle demeure selon l'intention dudit donateur pour secours au Presbitaire, & que Messieurs les Curez soyent assistez, & ayent l'œil sur ceux qui l'occuperont, pour l'vn & l'autre demeurer selon la decence Ecclesiastique : La presente donation à la charge seulement d'vne messe basse des morts, qui sera dite par chacun an à pareil iour du deceds du donateur, & à son intention, anoncée le Dimanche precedent, & sonnée par le Clerc du seul tintement de la grosse cloche par cent coups, & sera obligé ledit clerc, faire assister ses escoliers à ladite messe, & les faire prier Dieu pour le fondateur ; aura ledit clerc pour la sonnerie & assistance cinq sols, monsieur le curé vingt sols payez par les marguilliers, lesquels seront obligez fournir audit clerc pour distribuer à sesdits escoliers vn carteron de petites pommes à l'issuë de ladite messe, par forme de retribution, pour leur assistance, afin qu'ils ayent memoire de cette fondation, & que la misericorde de Dieu aye agreable les prieres de ces innocentes ames, pour ledit fondateur, qui fait reseruation de la pepiniere pour Guillaume Verneuïl, à qui il l'a donnée pour la leuer en aage propre dans deux ou trois ans, de laquelle maison & lieu ledit donateur a ja mis ladite fabrique en possession, y ayant logé le Clerc qui y est de present auec ses Escoliers : Pourquoy dés à present, en attendant ledit deceds pour dire ladite messe des morts, sera dit vne messe basse de la Vierge pour ledit fondateur le lendemain de la feste nostre Dame de Septembre, anoncée, & sonnée comme dit est, auec ladite distribution au sieur Curé & clerc, & les pommes aux enfans, à ce qu'il plaise à

Dieu par les prieres de la sainte Vierge donner vne heureuse issuë de cette vie audit fondateur ; car ainsi, &c. promettant, &c. obligeant, &c. renonçant, &c. fait & passé audit Prieuré de Meulent, en presence de Sulpice Verneüil demeurant à Meulent, & Me. Nicolas Ioffet Curé de Drocourt, témoins, qui ont auec ledit donateur & notaire signé à la minutte des presentes, le Ieudy quatriéme iour d'Auril mil six cens cinquante-deux auant midy. Signé, Doullé.

L'Original de ce Contract auec celuy de l'acquest y mentionné deliurez au Curé de Iambeville pour deposer aux titres de l'Eglise.

Fondation à saint Nigaise d'une Messe les premiers Lundis des mois, & de trois Obits pour la Dame Duchesse de Dampville, ses pere, & mere, du 16. Auril 1652.

AVIourd'huy seiziéme iour d'Auril mil six cens cinquante-deux du matin, en la presence de Simon Doullé notaire & Tabellion Royal à Meulent, messire Nicolas Dauanne Prestre, Prieur Commendataire du Prieuré conuentuel S. Nigaise dudit Meulent, Ordre saint Benoist, Congregation de S. Maur en France, & encores Prieur du Prieuré nostre Dame de Iambeville, s'est addressé aux reuerends Peres Dom Colombain Pillon, Prieur claustral dudit S. Nigaise, Dom Paul Barbier soubs prieur, Doms Hildephonse Charlot, Nicolas Rossignol, Romaric de la Fosse, Hildephonce Clairé, Bernard Ioly, & Thomas Manchon, faisans à present l'entiere communauté des Religieux dudit Prieuré S. Nigaise, assemblez en leur Chapitre. Ausquels il a exposé que deffuncte de tres-loüable memoire Dame Anne le Camus de Iambeville dame dudit lieu, de la Maillemaison,

Breüil, Danly, Mesy, Cheneuieres, la Haye, & autres terres dans ce Bailliage de Meulent: Marquise de Maillebois & Bleuy, Baronne de la ville de Chasteau-neuf en Thimarais, & autres Seigneuries és enuirons, d'Antheüil prés Compiegne, & de Romeny sur Marne, decedée sans enfans en son Hostel le douziéme Feurier mil six cens cinquante-vn, aagée d'enuiron soixante-huict ans, lors Espouse de tres-hault & puissant Seigneur messire François Christophe de Leuy Ventadour Duc de Damville, Comte de Brion, & autres lieux, par son testament luy auroit donné & legué la somme de douze-cens liures tournois, à l'imitation de deffuncte la Dame sa mere, laquelle aussi par son testament luy auoit fait don de pareille somme qu'il auroit employée pour partie, à faire la chasse d'argent de S. Nigaise, ainsi qu'il est graué & mentionné aux actes qui en ont esté faits & imprimez. Or desirant ledit sieur Prieur honorer la memoire, & la pieuse amitié que luy a portée ladite defuncte Dame Duchesse, & par mesme occasion rendre vn deuot temoignage des obligations qu'il a aux bien-faits receus en l'education de sa ieunesse, par de tres-celebre memoire messire Anthoine le Camus de Iambeville viuant Cheualier, Conseiller d'Estat, & President au Parlement de Paris, Seigneur dudit Iambeville, & autres susdits lieux, decedé le 4. Nouembre 1619. aagé de 72. ans, & par Dame Marie le Clerc de Lesseville son espouse, decedée le 21. Iuillet 1640. aagée d'enuiron 80. ans, pere, & mere d'icelle dame Duchesse, & desquels il a eu la conduitte des biens & affaires, ainsi que lesdits testamens en font honorable mention, s'est ledit sieur Prieur proposé d'employer cette somme de douze cens liures, & en faire don comme il fait par ces presentes, à la communauté desdits religieux, pour fondation d'vne messe basse des morts, ou dite du iour les premiers Lundis de chacun mois, & de trois obits anniuersaires qui seront celebrez solemnellement auec representation & absolutions, selon l'vsage de la Congregation, à l'intention desdits trois defuncts, à pareils iours de leurs deceds dessus cottez, ou autres iours proches, selon l'occupation de l'Office dans ladite Eglise S. Nigaise, comme la plus celebre du pays, & au milieu des Seigneuries, & nobles Parents desdits deffuncts, leurs Heritiers & alliez, & laquelle lesdits deffuncts ont eu en particuliere veneration & deuotion; desquels seruices la sonnerie ne sera que du tintement de la grosse cloche pendant la preparation de la messe qui seruira de conuentuelle pour ledit iour. Et pour en mieux perpetuer la memoire & seruir d'emulation à d'autres bien-facteurs, ledit sieur Prieur fera poser vn marbre d'Epitaphe en lieu commode, contenant en substance cette fondation qui demeurera perpetuelle: & à ce qu'elle soit plus commode & asseurée ausdits Religieux, eux, ou ledit sieur Prieur pour eux, employeront ladite somme de douze cens liures, au retraict de huict arpens de terre, deux arpens de pré, & vn arpent de vigne aux Mureaux iadis alienez dudit Prieuré par auctorité du Roy, desquels ioüit à present Sulpice Verneüil, à faculté dudit retraict, dont l'engagement est de vnze cens liures en principal, auec trois cens liures qu'il conuiendra pour l'augmentation de ladite vigne, qui fera quatorze cens liures, promettant ledit sieur Prieur fournir & donner le par-dessus au profit desdits religieux, afin qu'ils puissent ioüir desdits heritages, vallans cent liures de reuenu annuel, lequel retraict ils pouuoient faire pour leur communauté seule, par le concordat du partage des biens dudit Prieuré, & Arrest d'homologation en Parlement. Desquelles propositions, lesdits reuerends Peres Religieux de S. Nigaise, ont dit auoir communiqué au reuerent pere Superieur general de ladite Congregation, & aux reuerends peres Senieurs ses assistans qui l'ont approuuée. Pourquoy declarent qu'ils en font l'acceptation, & promettent pour eux & leurs successeurs, faire & accomplir lesdites fondations, à commencer lors qu'ils auront receu lesdits douze cens liures,

Iceux employez, & seront mis en possession desdits heritages sus-mentionnez. Car ainsi, &c. Dont, &c. Promettans, &c. Obligeans, &c. Fait passé & arresté audit S. Nigaise, les an & iour que dessus, en presence de maistre Nicolas Sanson prestre demeurant à Iusiers, & ledit Sulpice Vernüeil Bourgeois de Meulent témoins, qui ont auec lesdites parties, & Nottaire, Signé à la minute des presentes suiuant l'ordonnance.

Signé, DOVLLE'.

NOVS soubssigné humble Superieur general de la Congregation de S. Maur, Ordre S. Benoist, Ayant veu, leu, & meurement consideré le contract suscript de donation faite par maistre Nicolas Dauanne, Prieur commendataire du Prieuré S. Nigaise de Meulent de l'Ordre S. Benoist, en faueur de la communauté des religieux de ladite Congregation S. Maur dudit Ordre S. Benoist, establis audit Prieuré : aux clauses & conditions y denommées, & specifiées, & l'ayant communiqué aux reuerens peres assistans, Auons de leur aduis approuué & ratifié, approuuons & ratifions par ces presentes ledit contract de donation, & voulons qu'il sorte son plain & entier effet, selon sa forme & teneur. Fait à Paris en l'Abbaye de saint Germain des Prez le trentiéme iour de Ianuier mil six cens cinquante-trois. *Signé*, Fr. Iean Harel, & au dessous, par ordonnance du Reuerend Pere Superieur general. Signé, Fr. Martin de Liesme, Secretaire.

Rembourcement des susdits Heritages delaissez aux Religieux sainct Nigaise, du 19. Octobre 1652.

Tovs ceux qui ces presentes Lettres verront, le Garde du Seel Royal au Bailliage & Comté de Meulent, Salut sçauoir faisons que pardeuant Simon Doullé Notaire & Tabellion Royal audit Meulent, fut present Sulpice Verneüil Bourgeois dudit Meulent, lequel confesse auoir receu presentement de maistre Nicolas Dauanne, prestre Prieur commendataire du prieuré conuentuel S. Nigaise au fort de Meulent à ce present, la somme de quatorze cens liures tournois: Sçauoir vnze cens liures pour le remboursement qu'il fait audit Verneüil, de pareille somme, à laquelle montoit tous les deniers deboursez pour le retraict fait par ledit sieur Prieur de quatre arpens à la sablonniere, autres quatre arpens sur le chemin de Meulent à Verneüil, vingt-deux perches proche la chaussée des Mureaux, deux arpens de pré soubs Mabilete, & vn arpent de vigne au dessus, qui estoient de l'antien domaine amorty dudit prieuré, & en auoient esté alienez pour subuentions accordées au Roy l'an mil cinq cens quatre vingt six: Et dont pour faire ledit retraict, ledit Verneüil soubs le nom de Simon Michel Bourgeois de Paris son cousin, auoit fourny les frais, suiuant les contracts & reconnoissances qu'en auoit passez ledit sieur Prieur, afin que la faculté dudit retraict demeurast perpetuelle, ainsi qu'il estoit accordé, & que par le partage des biens dudit prieuré, fait auec les reuerends peres religieux d'iceluy, leur estoit demeurée pour leur communauté; & le surplus montant trois cens liures, sont pour les plants & augmentations faites audit arpent de vigne: duquel receu ledit Verneüil se tient à content, & en quitte ledit sieur Prieur, & tous autres, auquel il a presentement rendu tous les contracts & actes de ce que dessus; & a ledit sieur Prieur declaré faire le remboursement des 12. cens liures receus du legs testamentaire du feuë Madame la Duchesse de Dampville, & deux cens liures de ses deniers dont il auoit fait don ausdits religieux pour les fondations mentionnées au contract deuant ledit Tabellion, le 16. iour d'Auril an present 1652. & par ce moyen entreront lesdits religieux dés à present en possession desdits heritages, prenant à leur profit le fermage pour l'année prochaine, suiuant le bail qu'ils acheueront ou Indamniseront le fermier s'ils le depossedent, prenant ladite vigne en l'estat quelle est, pour la faire fassonner ou disposer comme ils aduiseront, à ce faire ont esté presens Dom Claude Martin prieur claustral, Dom Paul Barbier soubs-prieur, Doms Hildephonce Clairé, Nicolas Rossignol, Bernard Ioly, Freres Thomas Manchon & Remy Bruneau, faisans auec Dom Romaric de la Fosse absent, l'entiere communauté desdits religieux qui ont accepté lesdits heritages & remercient, ledit sieur prieur de ses charitez, promettent satisfaire aux fondations contenuës au susdit contract. Car ainsi a esté accordé, &c. promettans, &c. Obligeans, &c. Fait & passé audit prieuré S. Nigaise le dix-neufiéme iour d'Octobre mil six cens cinquante-deux de releuée, en presence de maistre Martin Pasquier, Conseiller du Roy, & Commissaire examinateur en l'Election de Mante & Meulent, & Guillaume Racine marchand demeurant audit Fort de Meulent tesmoins, qui ont auec lesdits comparans, & Notaire signé à la minutte des presentes suiuant l'ordonnance. Signé, Doullé.

Aquest de Iumieges, treize Arpens d'heritage pour fondation à sainct Nigaise du dernier Octobre 1652.

A Tous ceux qui ces presentes Lettres verront ou orront, le Garde du Seel Royal des obligations de la Vicomté de Rouën. Salut: Sçauoir faisons, que pardeuant Adrien Coignard Tabellion Royal en la Sergenterie de S. Ioires, & François Danneville son Adioint Iuré, furent presens reuerend Pere Dom Iean Baptiste de Boulogne, Prieur de l'Abbaye de S. Pierre de Iumieges, Ordre de S. Benoist, Congregation de S. Maur en France, Doms Louys Thoumin

min Sous-Prieur, Benoist Tristan, Gabriel Theroude, Fiacre Belet, Sebastien Poulain, Nicolas Coquebert, Hugues Auger, Hildephonce Charlot, Claude Mercier, Ioseph de Canteleu, Philippes le Chrestien, Maur Souuerain, Ioseph de la Fosse, Iean Dorimont, François de Geudeville, Pierre Bachelier, Pierre l'Huillier, Charles le Pesant, Guillaume du Noyer, Iean Laurier, Guillaume Besnard, Estienne Dandun, Pierre Danet, Iacques Audinet, & Pierre le Belhomme. Tous Religieux faisans auec aucuns absens & indisposez, l'entierre communauté de ladite Abbaye de Iumieges capitulairement assemblez en leur maniere, lesquels de leurs grez & volontez, pour le bien & vtilité de leurdite communauté, ont par ces presentes quitté & delaissé, quittent & delaissent des-maintenant & pour tousiours à perpetuité, à la communauté de leurs Confreres les Religieux du prieuré conuentuel de S. Nigaise au Fort de Meulent de leur mesme Ordre & Congregation absens, stipulez & acceptans par maistre Nicolas Dauanne prestre prieur commendataire dudit prieuré à ce present, treize arpens ou enuiron d'heritages, ausdits religieux de Iumieges appartenans, & qui sont de l'antien domaine amorty de Seigneurie, teneures, & dixmes à eux escheus des biens partagez d'icelle Abbaye, assis entre Vaulx & Meulent, dont il y en a deux arpens, vingt perches en vigne, le reste en terres labourables, le tout en trois pieces tenantes les vnes aux autres, & seulement separez par sentiers & chemins, lesdites pieces comme elles se comportent sans aucune liuraison de mesure, pour en joüir par lesdits religieux de S. Nigaise, en mesme priuilege & exemption de droits Seigneuriaux, teneures, dixmes, & admortissement, ainsi que font & ont fait de tout temps immemorial, lesdits religieux de Iumieges, qui en tous leurs droicts pour lesdits heritages, subrogent leursdits confreres religieux de S. Nigaise, comme estans de leur mesme corps & congregation. Pourront lesdits Religieux de sainct Nigaise depoſſeder le fermier, & diſpoſer deſdits heritages ainſi qu'il eſt conuenu par le bail, aux charges & conditions duquel ils demeurent ſubrogez, ſe reſeruans leſdits religieux de Iumieges les fermages deubs pour la dépoüille derniere, ledit delaiſſement fait, moyennant la ſomme de quatre mil cinq cens liures tournois preſentement payez & deliurez auſdits Religieux de Iumieges par ledit ſieur Dauanne pour leſdits Religieux de S. Nigaiſe, en eſpeces d'or & d'argent ayans cours, dont leſdits de Iumieges ſe tiennent pour contens, laquelle ſomme ils reçoiuent pour la remployer ainſi qu'ils promettent faire au temps plus bref qu'ils pourront, en autres heritages qui leur ſeront plus proches & commodes que celles cy-deſſus delaiſſez, leſquels tourneront auſdits Religieux de Iumieges comme receus en pure échange deſdits Religieux de S. Nigaiſe, duquel remploy ils fourniront à cette fin coppie collationnée des actes auſdits Religieux de Meulent, auec pareilles coppies collationnées des titres qu'ils ont pour leſdits heritages delaiſſez, & leur ayderont des originaux quand ils en auront beſoin, pour eux defendre s'ils eſtoient inquietez auſdites exemptions & admortiſſemens: Ceſſant leſquels le preſent delaiſſement ne leur auroit eſté fait, accordans leſdits comparans que ſi leſdits religieux de Meulent y ſuccomboient, la preſente alienation (en leur faueur) demeurera nulle, & comme non aduenuë, rentreront leſdits Religieux de Iumieges en leur proprieté, joüiſſance, & droicts d'iceux heritages qu'ils auront acquis de ladite ſomme receuë, nonobſtant qu'ils ſoient reputez baillez en échange, ains ſimplement, en rendant ladite ſomme, pour remployer par leſdits Religieux de ſaint Nigaiſe, pour leurdite ſeule Communauté, ſans que les Prieurs Commendataires, ny Titulaires y puiſſent auoir aucune part, ny portion. Eſtant en outre conuenu & accordé, que s'il arriuoit diſſolution d'icelle communauté, tranſlation en autre lieu, ou qu'elle ceſſaſt d'eſtre vnie à la ſuſdite Congrégation de S. Maur, la preſente aliénation ſera annulée, & leſdits heritages retourneront aufdits Religieux de Iumieges, mefme fans restitution de deniers : estant telle l'intention dudit sieur Dauanne, au moyen de ce que ladite somme de quatre mil cinq cens liures dessus par luy payez, sont de ses deniers, desquels il fait don & aumosne ausdits Religieux de S. Nigaise aux fins de la presente acquisition, & à cette charge, pour estre participant à leurs prieres, & dire à son intention vne Messe basse des Morts chacun Lundy, auec son Anniuersaire perpetuellement, selon l'vsage de la Congrégation, en ladite Eglise de S. Nigaise, soit qu'il y soit inhumé comme il le desire, ou qu'il soit enterré ailleurs. Lesquels seruices seront transferez audit Iumieges, s'ils rentrent à leursdits heritages sans remboursement, par la conuention cy dessus : de laquelle Donation & Fondation, ledit sieur Dauanne pourra faire apposer telle Epitaphe qu'il trouuera conuenable en ladite Eglise S. Nigaise, pour en mieux perpetuer la memoire, inciter les lecteurs à prier pour luy, & seruir d'émulation à autres Bien-faicteurs. Tout ce que dessus fait & accordé entre les susdits Comparans, suiuant la résolution & agréement du Chapitre General tenu en l'Abbaye de Marmontier lez Tours, & mandement du R. Pere Superieur, General de ladite Congrégation, duquel; & encore du prochain chapitre General, ces presentes seront d'abondant ratifiées, qui sont faites, & contractées sous leur bon plaisir, & nouuel agrément, auquel se soumettent lesdits Contractans Ayans aussi reconnu que le present delaissement ausdits Religieux de S. Nigaise a esté agreé par lesdits Superieurs pour l'accommodation dudit Monastere de Meulent, & que lesdits Religieux puissent replanter des vignes, & y faire les autres mesnages que ceux dudit Iumieges n'y pouuoient faire pour leur éloignement. De plus est conuenu que lesdits Religieux de Meulent, ne pourront, pour quelque cause que ce soit, aliéner, ny oster de leur main & communauté lesdits heritages : & que s'ils l'auoient fait, lesdits Religieux de Iumieges pourront en faire le retraict pur & simple, mesme hors l'Année de ladicte aliénation, en rendant pareille somme de quatre mil cinq cens liures, sans améliorations, en adioustant à la Translation cy dessus conditionnée de ladite Fondation, si elle arriue audit Iumieges, l'Epitaphe y sera aussi transferée. Le present Contract sera ratifié par lesdits Religieux de Meulent: & promet ledict sieur Dauanne d'en faire expedier & fournir les Actes suffisans, dans vn mois, auant qu'il soit representé au R. Pere Superieur General, & Senieurs à Paris pour l'approuuer, en attendant qu'il soit aussi presenté audit prochain Chapitre General. Ne demeureront lesdits Religieux de Iumieges garands des Troubles, si aucuns suruenoient pour les droicts desdits heritages, & d'exemptions dessus specifiez: attendu la condition cy dessus aposée d'y rentrer par lesdits Religieux de Iumieges, par l'annullation du present Contract, si bon semble ausdits Contractans, car ainsi, &c. Promettans de part & d'autre tenir & entretenir le contenu en ces presentes de poinct en poinct, sans y contreuenir, obligeans, &c. Renonçans, &c. En témoin dequoy à la relation desdits Tabellion & adjoinct a esté mis & aposé à ces presentes (faites & grossoyées pour ledit sieur Dauanne) le seel desdites obligations. Ce fut fait & passé en ladite Abbaye de saint Pierre de Iumieges, le Ieudy auant Midy trente-vniesme & dernier iour d'Octobre, l'An de grace mil six cens cinquante deux, presence de Nicolas Adrien, & Iean Cordier, demeurans audit lieu de Iumieges: lesquels auec lesdits sieurs Religieux, lesdits sieur Dauanne, Tabellion, & Adjoinct, ont signé à la Notte de ces presentes suiuant l'Ordonnance.

Signé, Coignard, Danneuille, & seellé,

Au bas est écrit ce qui ensuit.

NOVS Frere Iean Harel, humble Superieur General de la Congrégation de S. Maur, Ordre de S. Benoist, ayant veu, leu, & meurement consideré le Contract d'échange suscrit, touchant certaines vignes & terres en faueur de la Communauté des Religieux de ladite Congrégation establis au Monastere de S. Nigaise de Meulent dudit Ordre, aux conditions & clauses y contenuës & specifiées: & l'ayant communiqué aux Reuerends Peres assistans, Auons de leur aduis, approuué, & ratifié, approuuons, & ratifions, par ces presentes, ledict Contract d'échange, & voulons qu'il sorte son plein & entier effet, selon sa forme & teneur. Fait à Paris en l'Abbaye de saint Germain des Prez le trentiéme iour de Ianuier, mil six cens cinquante trois.

Signé, Fr. IEAN HAREL.

Et plus bas, Par l'Ordonnance du R. Pere Superieur General. Fr. MARTIN DE LIESME, Secretaire.

Ratification des Religieux S. Nigaise, du 18. Nouembre 1652.

A Tovs ceux qui ces presentes Lettres verront, le Garde du Seel Royal aux contracts & obligations au Comté & Bailliage de Meulent, Salut, sçauoir faisons que pardeuant Simon Doullé Notaire & Tabellion Royal audit Meulent, soubsigné, furent presens en leurs personnes, les Reuerends Peres Dom Claude Martin, Prieur claustral du Prieuré Conuentuel S. Nigaise au fort de Meulent, Ordre S. Benoist, Congregation de saint Maur en France, Doms Nicolas Rossignol, Romaric de la Fosse, Hildephonce Cleré, & Bernard Ioly Prestres, freres Thomas Manchon & Remy Bruneau tous Religieux dudit Prieuré, faisans à present l'entiere communauté d'iceluy, assemblez en leur maniere accoustumée, lesquels ont dit & declaré auoir veu, leu, & bien consideré le contract passé deuant Adrien Coignard,

Tabellion Royal en la fergenterie de S. Ioires, & François Danuville son adioint iuré, le trente-vniéme & dernier iour d'Octobre an present mil six cens cinquante-deux, entre les Reuerends Peres, Prieur & Religieux de l'Abbaye de S. Pierre de Iumieges, & Maistre Nicolas Dauanne Prestre Prieur commendataire dudit prieuré S. Nigaise de Meulent, acceptant & stipulant pour lesdits comparans, contenant le delaissement à eux fait, du fonds & proprieté de treze arpens ou enuiron d'heritages, dont il y a deux arpens vingt perches de vignes, la totalité en trois pieces s'entretenans, sises entre Vaux & Meulent, admortis de Seigneurie & dixmes, pour en ioüir en pareille exemption, comme estans lesdits Religieux comparans de mesme corps & congregation que ceux dudit Iumieges, moyennant quatre mil cinq cens liures payez par ledit sieur Dauanne ausdits Religieux de Iumieges, obligez d'en faire le remplassement pour tourner nature déchange, & aux charges contenuës audit contract ; portant que ledit sieur Dauanne fait don de ladite somme, ausdits comparans pour estre participant en leurs prieres, & dire à son intention vne messe basse des morts chacun lundy auec son anniuersaire perpetuellement ; selon l'vsage de la Congregation, dont il pourra faire poser Epitaphe pour memoire, & seruir d'émulation à autres bien-facteurs, comme le tout est plus amplement conditionné audit contract : Lequel lesdits Religieux comparans, soubs le bon plaisir & agréement du Reuerend Pere Superieur general, Senieurs, & du Chapitre general prochain, approuuent, ratifient, & ont pour bien agreable, remercient ledit sieur Dauanne de cette Charité, & autres biens qu'il leur a faits, promettent accomplir toutes les charges, & conditions y contenuës, tant par eux, que par leurs Successeurs Religieux audit S. Nigaise, Obligeans, &c. Promettans, &c. Fait & passé audit prieuré, en presence dudit sieur Dauanne, de Sulpice Verneüil, & Cristophle Taillepied, demeurans audit fort de Meulent, témoins à ce requis & apelez, qui ont auec lesdits sieurs Religieux comparans, & Notaire soubssigné, Signé la minutte des presentes, suiuant l'Ordonnance, le dix-huictiéme iour de Nouembre mil six cens cinquante-deux apres midy.

Signé, DOVLLE.

L'Epitaphe posée à Sainct Nigaise pour ces fondations, contient cecy.

Deo gratias.

M Nicolas Dauanne Prestre Prieur de céans, & de Iãbeville. Pour recõnoistre la pieuse amitié à luy portée par de tres celebre memoire M. Anthoine le Camus, de Iambeville, Cheualier, Conseiller d'Estat, & President au Parlement de Paris, Seigneur dudit Iambeville, Maillebois, &c. decedé le 4. Nouembre 1619. agé de 72. ans, Dame Marie le Clerc de Lesseville son épouse, deceddée le 21. Iuillet 1640. aagée de 80. ans, & tres-illustre Dame Anne le Camus leur fille & seulle heritiere, Dame dudit Iambeville, la Mallemaison, Brueil, Mesy, Chenevieres, la Haye, &c. Marquise dudit Maillebois, Baronne de Chasteau-neuf en Thimarais, & autres Seigneuries, decedée le 12. Feurier 1651. aagée de 68. ans: lors épouse de tres-haut & puissant Seigneur messire François Chrystophe de Leuy Vantadour, Duc de Dampville, &c. tous trois decedez tres-Chrestiennement, dans l'estime, respect, & bien-veillance d'vn chacun, pour l'excellente bonté de leurs esprits, leurs charitables pietez, admirables prudences, & les autres vertus qui ont mis leur memoire en benediction. A pour eux, par contract du 16. Auril 1652. fondé en cette Eglise (comme la plus venerable du pays) trois obits à pareils iours de leurs deceds, & vne messe basse chacun premier lundy des mois, & pour ce donné quatorze cens liures, employez au retraict d'vnze arpens d'heritages aux Mureaux, valans cent liures de reuenu. Leurs cœurs gisent à Iambeville, & leurs corps à Maillebois ou sont leurs sepultures.

Requiescant in pace.

Le mesme sieur Dauanne (natif de cette ville de Meulent) desirant rendre à la terre ce qu'elle a produit, se considerant aagé de 65. ans, dont il y en a 33. qu'il est Prieur de ceans, a preparé sa sepulture soubs la tombe qu'il a fait poser au milieu du Chœur, afin que par cette veuë il puisse estre au continuel souvenir, & plus frequemment participer aux prieres des Religieux qu'il y a rétablis, & pour eux réedifié ce Monastere, ou par contract du dernier Octobre 1652. il a fait fondation d'vn obit annuel au iour de son deceds, & d'vne Messe basse chacun Vendredy: pourquoy il a donné 4500. liures, conuertis en l'acquest qu'il a fait pour lesdits Religieux, de leurs Confreres de Iumieges, de treize arpens de terre & vignes à Vaux-Vallans, 200. liures de reuenu, pour perpetuer la memoire desquelles fondations, inciter les Lecteurs à prier Dieu pour luy, & seruir d'emulaiton à autres bienfaicteurs, il a fait poser ce Marbre.

Laus Deo.

Don, & fondation aux Peres penitents de Meulent, du 25. Iuin 1653.

PArdeuant Simon Doullé Notaire & Tabellion Royal au Bailliage & Comté de Meulent, fut present en sa personne Maistre Nicolas Dauanne Prestre, natif de la Parroisse Nostre Dame de Meulent, Prieur Commendataire du Prieuré Conuentuel S Nigaise a Meulent ordre S Benoist, ~~uentuel~~ dont il a restably les édifices & la regularite,

Manque apres deux feuillets qui est la suite de cette fondation Et celle a Bonnes Nouvelles & son transport ... apres les deux feuillets suivans qui faut rechercher pefchement de l'Office : fuiuant que pour ledit Anniuerfaire, il a efté ordonné par le Chapitre General tenu à Vendofme l'an mil fix cens quarante cinq, dont l'acte eft regiftré audict Bonnes Nouuelles : defirant que les fufdites donations y feruent de fondation, & encores afin d'en mieux perpetuer la memoire, & feruir d'emulation à autres bien-faicteurs, faire pofer vne pierre grauée en forme d'Epitaphe, dans ladite Eglife. Lefquels dire & expofitions dudit Sieur Prieur, lefdits Reuerends Peres affemblez, ont dit & reconnu pour veritables, le remercient de fes charitez, veulent & entendent qu'il foit & demeure affocié en toutes les prieres & bonnes œuures d'eux, & leurs fucceffeurs Religieux audit Prieuré à perpetuité. Se tiendront honorez, que dans ladite Eglife, il y aye partie de fa fepulture. Et foit qu'il y aye inhumation ou ailleurs, promettent de celebrer folemnellement felon l'vfage de la Congregation, vn feruice annuel dit Anniuerfaire : Auffi celebreront lefdites Meffes baffes à fon intention, felon l'expreffion cy-deffus : & lors qu'il luy plaira pourra faire pofer l'Epitaphe telle qu'il trouuera de bien-feance, dont & de tout ce que deffus les Reuerends Peres en leur Chapitre ont dit auoir communiqué (par l'enuoy du modelle de cet efcrit) au Reuerend Pere Superieur General de ladite Congregation refident à Paris, qui leur a mandé l'approuuer : pourquoy ils en font l'acceptation aux termes de ce qu'il contient, & ont commandé à moy fouffigné leur Scribe, d'efcrire le prefent Acte dans les Regiftres Capitulaires, & en deliurer autant audit fieur Prieur ; Ce qui a efté fait les an & iour que deffus.

Signé, DAVANNE.

Et au deffous. Par le commandement du Chapitre, F. Bruno Renaudet, Scribe du Chapitre.

Au dessous est escrit l'Acte suiuant.

ET le dernier iour de Mars 1656. au mesme Chapitre du Prieuré Conuentuel Nostre-Dame de Bonnes-nouvelles de Roüen, où estoient assemblez les reuerends peres Dom Nicolas Vallée, prieur claustral, Dom Bonauenture Noël, soubs prieur, Doms Thomas Masson, Colombin de Lesdos, Augustin de Broise, Anthoine le Villain, Iean Langlois, Maur Benetot, Idelphonce de Sainte Marie, Bruno Renaudet, Idelphonce Charlot, Maur Iallot, Iacques Breton, Loüis Baudy, Nicolas Bondeville, & Estienne Houdeau, tous prestres Religieux, & faisans à present l'entiere communauté dudit lieu. S'est presenté ledit sieur Dauanne, lequel a dit que depuis l'acte cy-dessus, Ayant fait arriuer nombre de pierres de Caën pour faire le pauage de l'Eglise: Il se seroit aduisé (au moyen de quelque espargne) d'entreprendre l'accroissement d'icelle, & construction d'vn portail, auec vne Chapelle; à quoy il auroit fait trauailler tout l'an passé, & s'en fait à present l'acheuement. De tout lequel ouurage, & des pauages augmentez, la dépense pourra reuenir de treze à quatorze mil liures, à quoy il espere entierement satisfaire, & declare qu'il a entendu & entend faire le tout à ses depens: dont il fait don au Monastere pour offrande, & remerciemens à la sainte Vierge des graces qu'elle luy a obtenuës d'auoir peu voir son desir accomply en la perfection de ladite Eglise & Monastere: N'y desirant aucune augmentation aux fondations cy-dessus. Desquelles nouuelles charitez & decorations, lesdits Religieux font reconnoissance, & continuent leurs remerciemens audit sieur Dauanne : & pour en perpetuer la memoire à leurs Successeurs, & leur augmenter (aussi bien qu'à eux presens) le souuenir de tels bien-faits, ils ont commandé à moy soubsigné Scribe dudit Chapitre, d'en escrire le present Acte au bas du precedent, & l'incerer aux Actes Capitulaires. Fait & expedié les an & iour que dessus.

Signé, DAVANNE,

Et au dessous, Par le commandement du Chapitre,

Fr. Anthoine le Villain, Scribe du Chapitre.

Dans vn grand Marbre en Epitaphe posé à l'Eglise de Bonnes-Nouuelles, est graué

Ad maiorem Dei gloriam.

EN ce lieu l'Eglise Nostre-Dame du Pré, depuis dite de Bonnes-Nouuelles, à cause du Mystere de l'Annonciation qu'elle a pour particuliere solemnité, a esté premierement bastie par Guillaume le Bastard Duc de Normandie, & Matilde sa femme, enuiron l'an 1060. & en l'an 1092. erigée en Monastere & Prieuré, sous la dependance de l'Abbaye du Becq-Heloüin, par Robert leur fils aisné Duc de Normandie. Augmenté en l'an 1122. par Henry son frere Roy d'Angleterre, aussi Duc de Normandie. Duquel lieu, tous les bastimens ayans esté entiorement desmolis & ruinez en l'an 1592. lors du siege de Roüen. Cette Eglise en l'estat qu'elle est, & les closturés de ce Monastere furent réedifiés l'an 1604. par Messire Gaillard Cornac Abbé de Chastelliers, lors Prieur, à la diligence du sieur Nalot, negociant le temporel dudit Prieuré. Et en l'an 1626. pour restaurer l'ancienne discipline reguliere, y a esté fait l'establissement des Religieux Benedictins de la Congregation de Saint Maur en France, & le Cloistre, auec les autres lieux reguliers bastis de neuf par M. Nicolas Dauanne, Prieur de Meulent & de ce lieu, au mesme soin & secours dudit sieur Nalot.

Posé l'an 1632.

LAVS DEO.

Et au dessous y est attaché vn autre Marbre, Contenant,

LE mesme sieur Dauanne apres auoir acheué les Bastimens de ce Monastere, ainsi qu'il a fait à Meulent y a restably la regularité, & fait des decorations, fondations, & donations à l'vn & à l'autre: A esleu la sepulture de son corps audit Meulent, lieu de sa naissance (affin d'y rendre à la terre ce qu'elle a produit) & celle de son coeur en cette Eglise, pour offrande de ses plus tendres affections à la sainte Vierge mere de Dieu.

Lecteur pense à la mort, & à faire tresor des bonnes-oeuures, ce seront tes seuls biens pour l'Eternité.

Cette Addition posée l'an 1654. de son aage 66.

l'Octroy

uentuel, apres les graces qu'il en rend à Dieu, outre l'esperance qu'il a aux prieres desdits Religieux, desirant encores participer aux autres prieres & bonnes œuures des Reuerẽds & deuots Peres Religieux Penitents dudit tiers Ordre Sainct François de la Prouince dite de S. Yues establis audit Meulent, & leur ayder à l'édification de leur Monastere, par ces presentes leur fait don & deliurance de huit perches de iardin & masure sciz audit Meulent, hors & proche la porte de Mante, qu'il a acquis par contract du quinziéme Decembre dernier, des heritiers de deffunct Hierosme Berthault, & Denise Giroust sa femme, moyennant deux cens liures, tenant d'vn costé, la maison & lieux de Carville, dont les murs sont mitoyens: d'autre costé Iean Beliard pour vn iardin de sa femme, d'vn bout le Ru, & d'autre bout le paué en la Censiue du Roy, sur lequel lieu sont les pierres restées de la ruine d'vne maison renuersée depuis trois ans par l'inondation des eaux: auec deux poultres dont ledit Sieur Prieur a fait pareillement don ausdits Religieux, comme aussi de tout l'autre bois de Charpenterie resté d'icelle demolition, qui est partie à Hardricourt, & le reste à Meulent, lesquelles poultres & bois ont esté adiugez audit sieur Prieur à la venduë des meubles d'icelle succession, moyennant cent cinquante liures qu'il en a payez. Pour desdites choses données faire & disposer par lesdits Religieux Peres Penitens, vendre, bailler à rente, & en toute telle maniere qu'ils aduiseront. Ladite donation seulement à la charge que lesdits Reuerends Peres Religieux seront obligez de dire par chacun an pour ledit sieur Prieur son Anniuersaire d'vne Messe haute à pareil iour de son deceds, ou autre iour prochain non empesché d'office, & apres icelle Messe, chanter la prose *Languentibus* & le *De profundis* auec l'oraison selon leur vsage, dans leur Eglise, & en attendant le deceds dudit Sieur Prieur, à ce qu'il plaise à Dieu luy donner la grace de bien mourir, diront à son intention les Vendredis ou Samedis des quatre temps de l'année vne messe basse en leurdite Eglise, & de la presente donation & charges, en feront Registre en leur Sacristie : ce que dessus accepté par les Reuerends Peres, Hiacinthe de Neuf Chastel, Gardien dudit Conuent de Meulent, & Definiteur Prouincial, Ephren Dandely, Vicaire, Ange du Pont de l'Arche, Barnabé d'Eu, Simon de S. André, Leon de S. Iean Baptiste, tous Religieux Peres & discrets dudit Conuent pour l'accomplir, ainsi que dit est : promettans, &c. obligeans, &c. Fait & passé audit Conuent, en presence de Iacques Boüillart, marchand Drapier, & Thibault Bouillard marchand Mercier, demeurans audit Meulent, tesmoins, qui ont auec lesdites Parties & Notaire signé à la minutte des presentes, suiuant l'Ordonnance, le 25. de Iuin 1653.

Signé. DOVLLE'

Donations & Fondations au Monastere de Nostre Dame de Bonnes-Nouuelles à Roüen, du 7. Nouembre 1653. & suiuantes.

AViourd'huy septiéme iour de Nouembre 1653. au Chapitre tenu au Prieuré Conuentuel de Nostre Dame de Bonnes-Nouuelles à Roüen, Ordre S. Benoist, & Congregation de S. Maur en France, où estoient assemblez les Reuerends Peres, Dom Colombain le Fay Prieur Claustral, Dom Bonauenture Noel Sous-Prieur, Doms Thomas Masson, Anthoine le Vilain, Iean Langlois, Hierosme de Launay, Hildephonce de Sainte Marie, Bruno Renaudet, Maur Iallot, Iacques Breton, Gabriel Paisseau, & Louys Baudry, tous Religieux Prestres faisans à present l'entiere Communauté dudit lieu, s'est presenté venerable personne Me Nicolas Dauanne, Prestre, Prieur Commendataire du Prieuré Conuentuel de S. Nigaise de Meulent dudit Ordre & Congregation, & cy-deuant aussi Prieur Commendataire de cedit Prieuré de Bonnes-Nouuelles, qui a dit & fait entendre à l'assemblée, qu'ayant en l'année 1624. esté pourueu audit tiltre de Commende de cedit Prieuré, il y auoit procuré la reformation, par l'vnion dudit Monastere à ladite Congregation, dont l'establissement fut fait l'vnziéme iour d'Aoust 1626. & en consequẽce auroit fait réedifier à neuf tous les lieux reguliers, adiousté à l'Eglise deux Chapelles, & depuis resigné son tiltre de Prieur à vn Religieux de ladite Reforme, à la reserue de quelque pension, habitation, & Sepulture, selon le choix qu'il en voudroit faire: Mais depuis ayant trouué moyen de faire pareille vnion, restablissement de Religieux, & réedification audit Prieuré de Meulent, où estant natif du lieu, il y fait particuliere retraite, viuant auec la Communauté, & assistant aux Offices: sur le desir qu'il a d'y finir ses iours là aduancez, estant âgé de 66. ans, & y designant sa sepulture, (pour rendre à la terre ce qu'elle a produit) pourquoy y a fait fondations par donations de sommes notables, dont les Religieux ont retiré & acquis heritages selon qu'il est mẽtionné aux actes qui en ont esté faits au mois de Septembre dernier, & en l'Epitaphe posée en l'Eglise. Nonobstant laquelle destination luy demeurant vne tres-sensible affection vers ledit Monastere Nostre-Dame de Bonnes-nouuelles, où il frequente & est receu tres-charitablement, & duquel il a mesme depuis sa resignation continué les augmentations & entretiens des bastimens, il desire, s'il plaist à Dieu le permettre, que son corps demeurant à Meulent, son cœur separé soit apporté & inhumé au bas des degrez du grand Autel en ladite Eglise Nostre-Dame de Bonnes-Nouuelles, sous vn Marbre noir graué qui y sera posé en forme de Tombe, afin d'estre en veuë, & plus frequente memoire des Religieux, & participer à leurs prieres & bonnes œuures. Sur lequel dessein, il leur a depuis deux mois fait don de la somme de deux mil liures, employez au rachapt de cent liures de rente qu'ils deuoient à Roüen. Item de huit cens liures fournis à raquiter cinquante liures de rente, qu'ils deuoient au sieur Iosset Curé de Drocourt. Item de cinq cens liures pour amortir quarãte liures de rente deuës au Becq. Item pour huit cens liures, pour faire pauer l'Eglise de pierres de Caën, & six cens liures pour faire lambrisser le Cloistre, reuenans lesdites sommes, à quatre mil sept cens liures. Pour tous lesquels bien-faits & tous les autres precedens, il requiert desdits Reuerends Peres, vouloir durant sa vie, à son intention celebrer audit Grand Autel, vne Messe basse chacun premier Dimanche des mois : afin d'impetrer de Dieu par les prieres de la sainte Vierge, la grace de bien mourir, & apres son deceds conuerties en Messes de Requiem les premiers Lundis des mois à son intention: & outre celebrer par chacun an son Anniuersaire à pareil iour de son deceds, ou autre proche sans em-

L'octroy de sepulture à S. Nigaise de Meulent, au sieur Robert Chesnier & à la Damoiselle sa femme, & leurs fondations du 16. Decemb. 1653.

NOVS soubz signez Robert Chesnier Escuyer Gentilhomme seruant & valet de garderobe du Roy, & Damoiselle Catherine Ricœur, femme dudit sieur Chesnier, esmeuz de deuotion enuers l'Eglise sainct Nigaise de Meulent & sur la consideration du restablissement des Peres Religieux qui y font les offices tres-deuotement, & qui nous ont tesmoigné agréer cette nostre deuotion d'eslire comme nous faisons tous deux nostre sepulture dans la Chappelle Senextre, ditte nostre Dame de Liesse, & S. Dénis, proche le marchepied de l'Autel, à l'endroict où a esté nagueres inhumée Iacqueline Chesnier nostre sœur: ayant en ce, le desir d'imiter nos Ancestres qui ont eu des sepultures en ladite Eglise (ainsi qu'il est remarqué aux viels liures dudit Prieuré) encore que nostre Pere & Ayeul dudit nom de Chesnier ayent & auons encores droict de sepulture dans le Chœur de l'Eglise sainct Nicolas dudit Meulent. Sur lesquelles nos sepultures audict sainct Nigaise, seront mises tombes (grauées de nostre deceds) au niueau de l'Eglise, & ainsy qu'il sera de bien seance Chrestienne, & ordonné par lesdits Peres Religieux: Attendant lequel nostre deceds, dés à present, nous fondons en ladite Chapelle, vne Messe basse chacun vendredy de la semaine qui sera dite du iour à heure commode, pour impetrer de Dieu par les prieres de la saincte Vierge, & de sainct Nigaise, la grace de bien mourir, & conuertye en Messe de Requiem à l'intention du premier decedé, & en commun, apres le deceds de l'autre: Et encores nous fondons deux obits, vn pour chacun de nous, d'vne Messe haulte auec representation, à l'vsage desdits Religieux, lesquels le mesme iour en diront deux basses à mesme intention, qui sera par chacun an à pareil iour de nostre deceds, ou autre proche selon l'empechement de l'Office, pour lesquelles fondations : Nous estans resolus donner ausdits Religieux qui en feront les Offices, & pour leur seule Communauté, cinquante liures de reuenu annuel, sçauoir vingt six liures pour lesdittes messes basses par semaine, & douze liures pour chacun desdits obits, afin d'en mieux asseurer la rente, par ces presentes nous faisons donation ausdits Religieux pour eux seuls des heritages qui ensuiuent scizes au terroir des Mureaux dans le fief & Censiues dudit S. Nigaise, c'est à sçauoir cent quatorze perches de terre sur le chemin de Meulent à Verneüil, aquis des heritiers Iacques Barbot. Item vn arpent vingt neuf perches audit lieu acquis d'Anthoine le Mort, & sa femme. item soixante perches y tenans, dits la grosse pierre, item trente deux perches de l'autre costé du chemin, item le quart de vingt deux perches de pré, lesdittes trois pieces acquises de Dénis le Mort, & sa femme, item vn arpent trente deux perches dits la Motte, acquis du sieur Thourette, & de Boisleaue, item demy arpent de terre ioignant, acquis sur Gilles du Vau, & Iacques Barbot, item vn quartier de terre sur ledit chemin de Meulent à Verneüil, & quartier & demy à Macheru, lesdittes deux dernires piecces, du propre de laditte Ricœur, selon que lesdits heritages sont plus au long mentionnez en la declaration que Moydict Chesnier en a rendu audit Prieuré, desquels nous nous reseruons la iouissance iusques au deceds du dernier mort de nous deux, & pendant que nous en iouirons, nous payerons ausdits Peres Religieux pour retribution desdites Messes par semaine, lesdits vingt six liures par an, & douze liures pour le premier desdits obits, aussi par an, & au lieu des autres douze liures pour le second, entreront (lesdits Religieux) en iouissance desdits heritages, de laquelle donation & fondation : Nous des à present de nostre viuant, ou le suruiuant de nous deux, ferons faire & poser Epitaphe de telle sorte, & en tel lieu que lesdits Peres Religieux trouueront conuenable, ainsy que lesdites tombes, & encores permettront lesdits sieurs Peres Religieux que nous puissions decorer ladite Chapelle selon nos deuotions sans nous y attribuer aucune proprieté particuliere, ny empescher leur plaine dispositions, Ains simplement pour nostre pure deuotion & meriter d'estre en la memoire, & aux prieres desdits Peres Religieux, lesquels nous supplions agreer, que le sieur Iean Chesnier nostre frere, & ses enfans, puissent selon la priere que nous leur en auons faitte, faire pareille eslection de sepulture dans la mesme Chapelle, y faisans fondations conuenables, au gré desdits sieurs Religieux. Tout que dessus accepté pour lesdits Religieux, par moy aussi soubsigné Nicolas Dauanne Prestre, Prieur Commendataire dudit S. Nigaise, sçachant qu'il l'auront bien agreable, pour en auoir fait les propositions en leur Chapitre, & en auoir obtenu permission du Reuerend Pere Superieur general de l'ordre, & sera par eux ratifié quand il plaira audit sieur Chesnier, & à ladite Damoiselle sa femme leur representer, & mettre és mains le present escript faict de ma main à la priere dudit sieur Chesnier, & sa ditte femme qu'ils veulent auoir autant d'effect, que s'il estoit passé deuant Nottaire & Tabellion, & qu'ils y pourrons passer mesmes auec lesdits Religieux, lors qu'ils le iugeront plus conuenable, aux Mureaux en la maison desdits sieur & Damoiselle Chesnier, le Seiziéme iour de Decembre, mil six cens cinquante trois, & faict double, l'vn gardé par ledit sieur Chesnier, & l'autre deliuré à Moidict Prieur soubsigné. Signé Dauanne, Chesnier, Catherine Ricœur.

NOVS Frere Iean Harel humble Superieur General de la Congregation de Sainct Maur, Ordre sainct Benoist, ayant veu, leu, & meurement consideré, certain Contract & transaction faite entre Mre. Nicolas Dauanne Prieur de S. Nigaise au Fort de Meulent, & Robert Chesnier Escuyer Gentilhomme seruant, & valet de Garderobe du Roy, & Damoiselle Chaterine Ricœur sa femme, le seiziéme Decembre dernier, tendant à ce que lesdits sieur & Damoiselle Chesnier, puissent se faire inhumer dans l'Eglise dudit sainct Nigaise, moiennant certains domaines Cottés dans ledit Contract, vallant de rente au moins la somme de cinquante liures tournois qu'ils donnent ausdits Religieux S. Nigaise, aux charges & conditions de deux obits par an, & vne basse messe le Vendredy de chacune semaine, & autres Clauses mentionnées audit Contract, veu aussi la requeste desdits Religieux de S. Nigaise, nos Confreres, pour obtenir de nous tant la permission d'accepter & ratifier ledit Contract de fondation, que nostre ratification mesme ledit sieur Dauanne s'estant fait fort de l'vne & de l'autre enuers ledit sieur & Damoiselle Chesnier, le tout examiné, & en ayant communiqué aux Reuerends P P. Assistans, l'auons approuué & ratifié par ces presentes, & voulons qu'il sorte son plain & entier effect selon sa forme & teneur. Faict à Paris en l'Abbaye de S. Germain des Prez, ce vingtiesme iour d'Aoust, mil six cens cinquante quatre.

Signé Fr. IEAN HAREL.

Et plus bas, par Commandement du R. Pere Superieur general Fr. MARTIN DE LIESME Secretaire.

LEs Religieux du Prieuré Conuentuel sainct Nigaise au Fort de Meulent, de la Congregation de sainct Maur, Ordre sainct Benoist, assemblez capitulairement, ou estoient le Reuerend Pere Dom Hildephonce Vigier Prieur Claustral, Dom Medard Linotte soubz Prieur, Dom Euangeliste de Montgoubert, Dom Romain de la Fosse, Dom Philippes Manet, Dom Hildephonce Clairé, & Dom Bernard Iolly, faisans auec Dom Rossignol absent tous Prestres l'entiere Communauté dudict Prieuré, ayant consideré le traitté cy dessus, fait par deffunct le sieur Robert Chesnier Escuyer Gentilhomme seruant, & valet de Garderobe du Roy, & Damoiselle Catherine Ricœur sa femme, datté du seiziéme Decembre mil six cent cinquante trois, accepté par Maistre Nicolas Dauanne Prestre Prieur commendataire dudit Prieuré, au nom desdits Religieux, & soubz promesse de leur ratification, & de celle du Reuerend Pere General, ausquels il en auoit prealablement fait les propositions, & veu l'acte d'aprobation d'iceluy par ledit Reuerend Pere general, du vingtiesme du present mois, dont la coppie est dessus transcrite, ont vnanimement agreé & approuué ledit accord, en font la presente ratification, promettans faire & accomplir les seruices & Offices y contenus, suiuant lesquels l'inhumation dudit sieur Chesnier a esté faitte, au lieu destiné, comme il sera s'il plaist à Dieu de celle de laditte Damoiselle, & ont lesdits Religieux signé le present acte, en leur dit Chapitre, tenu le dernier iour d'Aoust, mil six cens cinquantequatre: Ainsi signé Fr. Hildephonce Vigier Prieur Claustral, Fr. Medard Linotte, Fr. Euangeliste de Montgoubert. Fr. Romain de la fosse Fr. Philipes Manot, Fr. Hildephonce Clairé. & Fr. Bernard Iolly.

Deliuré à laditte Damoiselle veufue l'original de ce que dessus, signé desdits Religieux pour meilleure approbation & gardé le present, seruant pour tiltre ausdits Religieux de laditte fondation, fait le quatriesme de Septembre, mil six cent cinquante quatre, & Moidict Prieur de S. Nigaise pour plus ample consentement que ladite fondation & donation soit au seul vsage des Religieux ay signé cet acte ledit iour & an.

Signé DAVANNE.

L'Epitaphe dudit sieur Chesnier contre le mur au dessus de sa tombe contient.

D. O. M.

ROBERT Chesnier Escuyer Gentilhomme seruant & Valet de garderobe du Roy & Damoiselle Catherine Ricœur sa femme, Natifs de Meulent, ayans vescu 30. ans dans vn sainct Mariage sans enfans, d'vne mutuelle deuotion enuers ce Monastere ont par escrit du 16. Decembre 1653. esleu leur sepulture en cette Chapelle, où ils ont fondé vne messe chacun Vendredy, & deux obits aux iours de leur deceds & pource donné des heritages aux Mureaux vallans 50. liures de reuenu, ledit sieur Chesnier decedé tres chrestiennement aagé de 59. ans y a esté inhumé soubz la tombe cy dessous.

Laditte Damoiselle a aussi faict poser sa tombe pour y receuoir mesme sepulture.

Soubs la tombe du milieu gist Damoiselle Iacqueline Chesnier leur sœur, fille Majeure decedée le 12. Octob. 1652. qui a fondé ceans deux obits l'vn pour elle, l'autre pour le sieur Guillaume Chesnier leur frere & donné 20. liures de rente.

Requiescant in pace.

Fondation testamentaire par Iacqueline Chesnier inhumée à S. Nigaise du 2. Septembre 1654.

PARDEVANT Iean Meriel Notaire & Tabellion Royal au Comté & Bailliage de Meulent, furent presens Iean Chesnier, Officier du Roy, demeurant à Meulent, & Damoiselle Catherine Ricœur, veufue de feu Robert Chesnier viuant Escuyer, Gentilhomme seruant, & valet de garderobe du Roy, lesquels pour accomplir la charge à eux donnée par ledit deffunct, de satisfaire à l'intention de Iacqueline Chesnier leur sœur, par vn escrit faict de la main dudit deffunct sieur Chesnier, & signé par laditte defuncte peu auant son deceds en forme de testament, par lequel elle eslisoit sa sepulture dans l'Eglise S. Nigaise, & y fondé deux obits annuels, l'vn pour elle à pareil iour de son deceds, & l'autre pour deffunct le sieur Guillaume Chesnier leur frere, decedé le 26. May

1636. & pour laditte fondation, fait donation aux Religieux dudit S. Nigaise, de vingt liures de rente, à prendre sur ses biens dont seroit fait deliurance par ses heritiers, Suiuant lequel escript, estant ladite Iacqueline decedée, & inhumée audit S. Nigaise, le 12. Octobre 1652. soubz la tombe au milieu de la Chappelle, & contre le marchepied de l'autel de nostre Dame de Liesse, & S. Denis : Ont ledit sieur Iean Chesnier & laditte Damoiselle veufue, par ces presentes, fait & font deliurance ausdits Religieux de S. Nigaise pour leur Communauté qui demeurera chargée desdits obits, Auec cession & transport, ce acceptant par Maistre Nicolas Dauanne Prestre Prieur Commendataire dudit sainct Nigaise, y demeurant à ce present, de la somme de vingt liures de rente, sçauoir ledit sieur Iean Chesnier de quattre liures treize sols neuf deniers tournois de rente de bail d'heritage à Euesquemont, fait par ledit deffunct Guillaume Chesnier à Noel Pilegrain Vigneron demeurant audit lieu, par Contract deuant Michel Bertault Substitud de Simon Doullé Nottaire & Tabelion Royal à Meulent, le vingtneufuiéme Mars mil six cent trente trois, payable par chacun an le iour S. Martin d'hiuer, laditte rente appartenant audit sieur Iean Chesnier de la succession dudit Guillaume Chesnier son frere, item autres quatre liures treize sols neuf deniers de rente à luy deubz par Robert de Viques Vigneron demeurant aux Mureaux, payables ledit iour S. Martin, de bail d'vn quartier de vigne, aux Mureaux lieu dit Beauuent, à luy baillé par Guillaume Froment & Marguerite Charlier sa femme, par Contract deuant Robert Bouillart Commis dudit Doullé, Tabelion, le vingt-iesme Nouembre 1640. transportez par ladite Charlier audit sieur Iean Chesnier, par Contract deuant ledit Meriel Tabelion audit Meulent, le dixiesme Auril 1648. auquel Chesnier, Hierosme Varye Maistre Chirurgien demeurant au Fort de Meulent qui a acquis ledit heritage, a passé tiltre nouuel deuant Louys Varye Commis dudit Doullé le vingt six-iesme Septembre, mil six cens cinquante trois; Et laditte Damoifelle veufue dudit feu ſieur Cheſnier ; delaiſſe comme dit eſt auſdits Religieux dix liures onze ſols tournois de rente, payables par chacun an ledit iour S. Martin dh'iuer, cedez audit deffunct ſon Mary, par Anthoine Preuoſt laiſné Marchand demeurant au pecq, par Contract deuant ledit Meriel, le 24. Octobre 1653. à prendre ſur Pierre Thomas Vigneron demeurant aux Mureaux, & Clemence l'aiſné ſa femme qui en ſont les debiteurs à cauſe du bail à ladite rente qui leur a eſté fait par ledit Preuoſt d'vn quartier de vigne audit terroir des Mureaux, lieu dit les hauts grauiers par Contract deuant ledit Doullé, le neufuiéme Decembre 1647. ratifié par ladite Clemence laiſné le dixneufuiéme Decembre 1650. delaquelle rente en ſuitte dudit tranſport, leſdits Thomas & ſa femme ont paſſé tiltre nouuel audit ſieur Cheſnier, pour deſdittes trois rentes iouir par leſdits ſieurs Religieux, & en receuoir la premiere année d'arrerages qui eſchera audit iour S. Martin prochain, & de la en auant les autres années, iuſques au rachapt d'icelles rentes, ſe reſeruant leſdits cedans reſpectiuement les arrerages du precedent, tous leſquels Contracts ſuſdattés & mentionnez ont eſté preſentement baillez & mis és mains dudit ſieur Dauanne pour leſdits Religieux qui en ayderont auſdits cedans pour eux faire payer deſdits arrerages reſeruez, & moyennant laditte deliurance leſdits Religieux demeureront chargés de la celebration deſdits deux obits, à les dire ſelon leur vſage, à pareils iours deſdits deceds, ou autre proche, non empeché de l'Office de l'Egliſe : ce que ledit ſieur Prieur promet faire faire & accomplir par leſdits Religieux, auſquels il fera ratifier ces preſentes en leur Chapitre, & en deliurera acte auſdits cedans, auec autant de la preſente fondation & deliurance : car ainſy &c. Faict & paſſé au Fort de Meulent, en preſence de Guillaume Ricœur Marchand demeurant audict Fort de Meulent, & Hannibal Souris Clerc dudict Meriel teſmoins, qui ont auec leſdites parties, & Nottaire ſigné à la minutte des preſentes ſuiuant l'Ordonnance,

le

le second iour de Septembre mil six cens cinquante quatre

Signé MERIEL.

Au dessous est escrit ce qui ensuit.

La communauté des Religieux du Prieuré Conuentuel S. Nigaise au Fort de Meulent, ordre S. Benoist, Congregation de S. Maur en France, assemblez en leur chapitre, ayans eü permission verballe, du Reuerend Pere Superieur General de ladite Congregation, a eux raportée par dom Martin de Liesme son Secretaire, d'aprouuer, & receuoir la fondation mentionnée au present Contract, declarent qu'ils l'acceptent & promettent pour eux & leurs successeurs, satisfaire aux seruices y declarez, fait audit Chapitre S. Nigaise, le premier iour de Decembre 1654. Signé Fr. Ildephonce Vigier Prieur Claustral. Fr. Medard Linote, Fr. Hilarion Pluet, Fr. Romaric de la Fosse, Fr. Euangeliste Montgoubert. Fr. Bernard Ioly, Fr. Nicolas Rossignol, & Fr. Vincent du Mas.

Pour la place deuant l'Eglise S. Nigaise.

Retraict d'vn Iardin à remettre partie du Cimitiere, du 7. Septembre 1654.

A TOVS ceux qui ces presentes lettres verront, François de Blois Conseiller du Roy en ses Conseils d'estat, & priué, Lieutenant general, Ciuil & Criminel au Comté, & Bailliage de Meulent, sont comparus deuant nous en nostre Hostel, Maistre Nicolas Dauanne Prestre Prieur Commendataire du Prieuré Conuentuel S. Nigaise au Fort de Meulent d'vne part. & Anne François veufue de deffunct Simon Brissart viuant Marchand demeurant au dit lieu, Tutrice des enfans mineurs dudit defunt, & d'elle, assistée de Maistre Pierre Brissart Conseiller du Roy, Lieutenant aux eaues, & forests dudit Bailliage, Oncle & Curateur desdits Enfans d'autre part, disans, mémes ledit sieur Prieur, que suiuant les derniers edicts du Roy, portans permission aux Eglises, & Eclesiastiques de rentrer dans les biens alienés de leurs Benefices, il auroit fait conuenir, & appeller deuant nous ladite veufue, pour soy desister, & demeurer reuny au domaine dudit Prieuré, vn petit iardin contenant trois perches ou enuiron, à present declos de murailles, assis audit Fort de Meulent, qui faisoit partye des lieux dudit Prieuré, y tenant d'vn costé, & d'autre à la maison de Guillaume François d'vn bout par derriere lesdits lieux du dit Prieuré, & Cimetiere d'iceluy, & d'autre bout par deuant la Ruelle pour aller de la grande Rue sur les rempars: & lequel iardin par les alienations est demeuré redeuable, sçauoir la moitié du costé dudit François, de 2. sols parisis de Censiue, & l'autre moytié vers les logis du dit Prieuré, de six deniers aussy de Censiue enuers ledit Prieuré le iour S. Remy & encores obligé de porter les veües & esgouts desdits logis selon qu'il est exprimé par l'acte d'icelle alienation, fait à Chartres le 2. iour d'Aoust 1577. soubs l'offre que faisoit ledit sieur Prieur de rembourcer les pris payez pour lesdites alienations, ainsi qu'il est permis par ledit Edit, pourquoy perseueroit audit retraict & offres, de laquelle action & demande, ladite veufue apres auoir communiqué audit sieur Brissart Oncle & Curateur desdits mineurs, & pris conseil: ont declaré ne pouuoir, ny deuoir contester contre ladite demande ayans reconnu que ledit deffunct Simon Brissart, & auant luy deffunct Maistre Simon Brissart son Pere, en ont passé leurs declarations & faits mention desdites alienations, dont ledit sieur Prieur a encores iustifié de l'acte & fait veoir ledit dernier Edit du Roy pour priuilege dudit retraict, & à l'occasion que la moitié dudit iardin est de plus ancienne alienation que l'autre, & pour en esuiter la contestation, sur le pouuoir qu'ont les Eglises de rentrer dans tels demembrements faits de leurs lieux: ayant ladite veufue requis ledit sieur Prieur que ledit remboursement fut augmenté (de ce que ledit sieur Prieur soûtenoit & ne pretendoit fournir) iusques à la somme de trois cens liures, comme pouuoit valoir à present ledit heritage, afin que lesdits mineurs n'en receüssent perte, ce à quoy se seroit accordé ledit sieur Prieur en consideration desdits Mineurs, lesquels mesme il décharge de la refection des murailles qui fermoient ledit iardin sur la ruelle ou il n'est resté aucune pierre que les fondations. Nous parties ouyes de leur consentement; auons donné & donnons acte audit sieur Prieur de l'acquiescement d'icelle veufue, audit nom de Tutrice, & du consentement dudit sieur Briffart leur Curateur, à la demande dudit sieur Prieur, auquel pour luy & ses successeurs Prieurs dudit Prieuré, Nous auons adiugé & adiugeons par retraict suiuant l'Edit du Roy, lesdits trois perches de iardin sus mentionnez d'ancienne & nouuelle alienation, moyennant le rembourcement & augmentation pour la valeur dudit heritage d'icelle somme de trois cens liures liberalement donnez par ledit sieur Prieur, & qu'il a presentement en nostre presence fournis & deliurés à laditte veufue, du consentement dudit sieur Briffart Curateur, pour par elle en tenir compte à sesdits mineurs en temps & lieu, sans despens. Ce fut faict & donné à Meulent par nous Iuge susdict le lundy 7. iour de Septembre mil six cens cinquante quatre.

Signé MERIEL Greffier.

Acquest d'une Masure pour faire la nouuelle Ruë du 21. Nouembre 1654.

PARDEVANT Iean Meriel Nottaire & Tabelion Royal au Comté & Bailliage de Meulent, fut present Ierosme Gars demeurant en sa maison à Tessancourt, lequel de son gré, & volonté, à la priere & requeste de Maistre Nicolas Dananne Prestre Prieur du Prieuré S. Nigaise au Fort de Meulent y demeurant à ce present : A par ces presentes vendu, cedé, quitté & delaissé, des á present & pour tousiours, & promet Garantir de tous troubles & empeschemens quelconques pour la commodité publique des habitans dudit Fort de Meulent, & meilleure decoration des rües : vne place en masure ou souloit auoir maison tombée, & acheuée de desmolir depuis dix ans par deffuncte Magdelaine Patin mere dudit vendeur, luy appartenant de son propre par la succession de Marie Gouhier sa mere : sur laquelle masure ne reste aucuns materiaux, ny murs deuant ny derriere, seulement le droict de moitié aux murs voisins des maisons qui sont aux deux costez d'vne appartenant aux heritiers de deffunct Maistre Iean Meriel, & l'autre aux enfans de deffunct Ierosme Patin, tenant laditte place de masure, d'vn costé laditte maison de deffunct Maistre Iean Meriel en mesme profondeur depuis la rue iusquesi au Cimetierre dix neuf pieds & demy, du dehors des murs, d'autre costé celle desdits Patin, ou il y a vingt vn pieds de profondeur, aussy au dehors des murs d'vn bout par deuant la grande rüe contenant ladite espace entre lesdites maisons Meriel & patin treize pieds & demy, & par deriere aboutissant au Cimetiere, ou il y a douze pieds d'ouuerture entre les deux susdites maisons. Estant ladite place de masure en la censure du Roy pour le Comté de Meulent à tel cens qui en peut ou souloit estre deub, que le vendeur n'a peu bonnement exprimer, de ce interpelé, dont des arrerages quien pourroient estre deubz du passé, ledit vendeur sera acquité par ledit sieur Prieur ; audit vendeur appartenant par moiens & accommodations en la succession de ladite Gouhier son ayeulle, & de ses Pere & mere, dont il peut seul disposer, pour estre laditte place reduite & conuertye en vne nouuelle rue, pour laditte commodité publique, & seruir de meilleure decoration pour arriuer au grand portail de ladite Eglise S. Nigaise, au moien de ce que ledit sieur Prieur fera (comme il dit auoir pouuoir) retrancher vn coing du Cimetiere, en luy donnant accroissement d'autre costé. Cette vente & delaissement faits par ledit vendeur, moïennant le prix & somme de deux cens liures que ledit sieur Prieur luy en a presentement payéz & deliuréz present ledit iuré, & tesmoings en Louis d'or & monnoye ayant cours, dont il se tient content, & a ledit sieur Prieur declaré que ladite somme, prouient des deniers de la Communauté des Religieux dudit Prieuré, qui les fournissent, à condition qu'en cas que par aucun trouble, ou empeschement ladite place ainsy delaissée pour la commodité publique, ne peut estre appliquée & conuertye en ladite rue, la proprieté d'icelle place, retournera & demeurera ausdits Religieux pour y reedifier, & en disposer ainsy qu'ils aduiseront, sans que Messieurs le Maire, Escheuins & habitans dudit Fort de Meulent, y puissent rien pretendre, ny en faire autre disposition: cessant laquelle condition, ledit vendeur neust fait la presente Cession, ny lesdits Religieux fourny ladite somme de deux cens liures, & encores ledit sieur Prieur n'eust entrepris ladite accommodation publique, car ainsy a esté accordé, &c. promettans &c. obligeans &c. renonçeans &c. Fait & passé audit Meulent, le 21. iour de Nouembre 1654. en presence de Guillaume Gars frere dudit vendeur, & Sulpice Verneüil demeurans audit Meulent tesmoins qui ont auec ledit vendeur, & ledit sieur Prieur signé la minute des presentes suiuant l'Ordonnance.

Signé MERIEL.

Delaissement d'une Caue soubz la rue & d'vn petit coing du Cimetiere pour Court, le Contract du 16 Auril 1655

PARDEVANT Iean Meriel Notaire & Tabellion Royal au Comté & Baillage de Meulent, fut present en sa personne Me. Nicolas Dauanne prestre Prieur du Prieuré sainct Nigaise au Fort de Meulent y demeurant, lequel a dit & declaré qu'ayant voulu satisfaire au desir de Messieurs les Officiers du Roy, &

des habitans dudit Meulent tant du Fort que de la Ville, qui frequentent en l'Eglise dudit sainct Nigaise, il auroit entrepris l'essargissement de l'aduenüe, faict retrancher vne pointe du Cimetiere (dont la proprieté du fonds appartient audit Prieuré) & transporter les terres (pour luy donner mesme continence) sur vn Iardin ioignant du mesme domaine d'iceluy sainct Nigaise, & encores acquis vne masure ruynée & sans bastiments, tenant par deuant la grande ruë, & au derriere le retranchement dudit Cimetiere, pour y faire nouuelle ruë, suiuant le Contract deuant ledit Iuré du vingt-vniéme Nouembre dernier, fait auec Ierome Gars auquel ladite masure appartenoit. Or voulant faire trauailler à decombrer, & a aplanir les immondices d'icelle masure, il se seroit trouué au dessous vne caue voutée, dont le berceau & sa fondation est sans contre-mur, posé dans le mur moitoyen d'entre ladite masure & la haute maison de Ieanne Meriel femme de Guillaume Ricœur, de sorte que s'y l'on eust démoly ladite caue, & tiré les pierres de ladite voute qui fait comme vn arboutant à appuier ladite maison, il y eust peu arriuer quelque accident ou afoiblissement, ce qu'ayant esté consideré par ledit sieur Prieur auec aduis d'experts, & en outre remarqué qu'on pourra pauer sur ladite voute de Caue, y ayant force & épaisseur de terre au dessus suffisante; auroit pour l'vtilité publique & conseruation de ladite maison voisine, accordé de delaisser, comme par ces presentes il delaisse a perpetuité, à Damoiselle Catherine Ricœur, vefue de deffunct Robert Chesnier viuant Escuyer, Gentil-homme seruant, & vallet de garderobe du Roy, demeurante aux mureaux à ce presente & acceptante, en qualité de iouyssant d'icelle maison, au moyen des hypoteques, & creances preuileges quelle a sur icelle, ladite caue dessus exprimée qui sera doresnauant iointe à ladite maison, par vne porte dans ledit mur moytoien pour entrer d'vne caue à l'autre, telle quelle a esté faite du gré & mesure prise par les partyes, pour iouyr par ladite Damoiselle, & les proprietaires, & possesseurs de ladicte maison, d'icelle caue adiouftée fans pouuoir à l'aduenir rien pretendre au paué, ny fuperficie fur ladite caue, ains demeurera perpetuellement en ruë publique; ledit delaiffement fait, moyennant que ladite Damoifelle ou autres poffeffeurs d'icelle caue, payeront & continueront à la recepte des droits feigneuriaux du Roy noftre fire pour fon comté de Meulent, les vingt fols parifis de cenfure au iour fainct Nigaife, dont ladite caue & ce qui eftoit bafty deffus,(en la continence d'icelle mafure)fe trouue redeuable, à commencer ledit payement le iour fainct Nigaife prochain : Ayant ledit fieur Prieur (ainfi qu'il a dict) fait payer tous les arrerages precedents. Plus ledit fieur Prieur pour autre augmentation, & meilleure commodité à ladite maifon, qui eft du cofté dudit Cimetiere chargée de quatre à cinq pieds de terre, qui l'a fait gafter, & occupe les feneftres, par ces mefmes prefentes, baille & delaiffe à ladite Damoifelle aufdits noms d'elle, & autres qui iouiront d'icelle maifon, vne efpace de terre dudit Cimetierre pour faire vne petite court de mefme longueur d'icelle maifon contenant vingt trois pieds compris l'efpeffeur des murs, & qui aura fept pieds huit poulces de large, compris auffi l'efpeffeur du mur, qui fera fait contre ledit Cimetiere pour en fouftenir les terres, & l'efleuer en fuffifante haulteur pour clostures d'icelle court, dont les eaues s'egoufteront par vn dalot dans ladite nouelle rue, lefquels murs fermans icelle cour, feront faits aux defpens de ladite Damoifelle, & appartiendront entierement à laditte maifon. Ce prefent bail & delaiffement ainfy faict par ledit fieur Prieur, moyennant huit fols Parifis de Chef, cēportans lots, ventes, faifines & amandes, quand le cas y efcherra, fuiuant la couftume enuers ledit Prieuré le iour S. Remy, ainfi que fes autres cenfiues, & feront tenus les proprietaires d'icelle court, à l'aduenir d'en renoueler les declarations audit prieuré fans meflange d'icelle maifon tenue du Roy, comme ladite nouuelle caue, declarant ledit fieur Prieur, auoir pouuoir de faire le prefent bail, & delaiffement d'icelle petite portion du Cimetiere, eftant comme dit est proprietaire du fond d'iceluy en tout admortissement comme sont generallement tous les lieux & biens dudit Prieuré,& sera tenue ladite Damoiselle de deliurer aud. sieur Prieur, deux grosses des presentes, l'vne pour fournir au Roy, & lautre pour demeurer au Chartrier dudit Prieuré, Car ainsi &c. promettans &c. obligeans, &c. renonceans &c. Faict & passé audit Meulent en presence de Hannibal Souris, & Nicolas Osanne tesmoins qui ont auec lesdites parties & Notaire, signé à la minutte des presentes suiuant l'Ordonnance, le 16. iour d'Auril 1655. auant midy.

Signé MERIEL.

Aquest de la Maison qui faisoit le coing des Rues, abatüe pour faire la place, du 9 Auril 1655.

A TOVS ceux qui ces prentes lettres verront le Garde du seel Royal au Comté & Baillage de Meulent, Salut sçauoir faisons, que par deuant Simon Doullé Notaire & Tabellion Royal audit Meulent, furent presents en leurs personnes, Maistre Nicolas Dauanne Prestre Prieur du Prieuré de sainct Nigaise au Fort de Meulent y demeurant d'vne part, & Dame Marguerite Gars veufue de feu Me. Ierosme Patin viuant aduocat & Procureur audit Meulent, tant en son nom que comme mere, & tutrice des enfans dudit deffunct & d'elle, d'autre part, disant lesdits comparans, mesmes ledit sieur Dauanne, que depuis qu'il est Prieur dudit sainct Nigaise (il y a trente cinq ans) Messieurs les Gouuerneurs pour le Roy de la Ville, & Fort de Meulent, Mrs, les presidents Lieutenans Generaux, Maires, & Escheuins, comme aussi tous les habitans l'auoient continuellement incité, pour commodité publique, de faire acroitre la ruë au deuant du portail de ladite Eglise S. Nigaise, & pour ce faire acquerir, & desmolir deux maisons necessaires, & retrancher partie du Cimetiere appartenant a

laditte

laditte Eglise sainct Nigaise, l'élargissant d'vn autre costé sur vn iardin dudit Prieuré, à quoy iceluy sieur Prieur n'auroit peu paruenir, à l'occasion d'estre plus empesché à restablir la regularité, & en faire les batimens necessaires pour les Religieux, dont estant fait l'acheuement, il s'est resolu d'entendre à telles loüables propositions: Et sur ce que lesdits sieur Gouuerneur, Maire, Escheuins, & habitans, eussent peu au au droict du Roy & des commoditez publiques, faire éualüer lesdites maisons, en faire consigner les pris, & disposer des places pour acroistre ladicte ruë, ledit sieur Prieur reconnoissant que son Eglise en receuroit meilleure decoration, auroit trouué plus à propos d'en traicter a l'amiable & de bonne volonté auec les proprietaires, comme il a fait depuis nagueres auec Ierosme Gars pour la place d'vne masure qui souloit estre maison perye & ruinée de caducité entre la maison de Ieane Meriel femme de Guillaume Ricœur, & celle appartenant aux enfans de ladite Comparante: C'est pourquoy il la requise faire semblable delaissement pour ladite commodité publique de ladite maison, sur l'offre d'en payer plus qu'elle ne seroit estimée en rigueur de police; desquelles propositions laditte Comparante ayant auerty ses enfans (qui sont en aâge de connoissance) pris conseil de leurs parens & amis, ont trouué leur estre plus aduantageux, d'en traitter de gré à gré, que de souffrir laditte eualuation, pourquoy laditte Comparante tant en son nom pour les droits qu'elle pourroit pretendre, que comme mere & Tutrice de sesdits enfans, vend, cede, quitte, & delaisse des maintenant, & a perpetuité auec promesse de garantir de tous troubles & empeschemens quelconques audit sieur Prieur, pour appliquer en rue & place pour le publiq, laditte maison scize au Fort de Meulent, consistant par bas en vne boutique, Salette, montee, vne chambre & le grenier au dessus contenant le tout dix sept pieds sur laditte grande rue par deuant, & par deriere sur le Cimetiere seize pieds, d'vn costé, vingt vn pied sur la ruelle S. Nigaise, & autant vingt vn pied du costé de laditte masure delaissée par ledit Ierosme Gars, lesdittes mesures prises du dehors des murs d'icelle maison qui est escheüe au lot desdits enfans, des biens de feuë Marie Gouhier leur ayeulle mere dudit deffunct leur Pere, en la censiue dudit Prieuré, & y redeuable de quatorze sols parisis le iour S. Remy, ainsi que ledit sieur Prieur a dit, prenant à soy la garantye d'icelle teneure & d'en indamniser laditte venderesse si elle est contestée par autres Seigneurs, dont ledit sieur Prieur a dit estre satisfait des arrerages du passé.

Laditte vente, cession & delaissement faicts, moiennant le pris & somme de sept cens trente liures que ledit sieur Prieur en a presentement, présens ledit Notaire, & tesmoins apres nommez, payez, fournis, & deliurez en Loüis d'argent à ladite veufue, dont elle s'en est tenüe & tient pour bien contente, & en quitté ledit sieur Prieur, & tous autres : disant quelle emploira partie de ladite somme, a rachepter aucunes rentes ou autres debtes de la succession de ladite Gouhier: & l'autre a aduancer sesdits enfans (qui sont a Paris emploiez aux conditions propres a leur extraction), declarant ledit Sr. Prieur faire le payement de ses deniers, pourquoy il entend desmolir ladite maison, & disposer des materiaux pour subuenir a payer, & faire les despences necessaires pour ladite commodité publique, en faueur de laquelle, il admortist, & descharge ladite maison, & place d'icelle, de ladite censiue de quatorze sols parisis, tant qu'icelle place sera en Rue, & vsage du public, estant son entēte que ledit public ny autres; ne puissent autremēt disposer d'icelle place, & que s'il aduenoit autre changement, il reserue audit Prieuré ladite censiue, & aux Religieux ausquels il fait don de la proprieté d'icelle place, encas qu'il y conuint rèedifier, ainsy qu'en ladite maison: Cessant lesquelles conditions, il n'eust entrepris ledit ouurage public, ny fourny les deniers desdits lieux. Car ainsy &c. si comme les partyes ont dit &c. promettans &c. obligeans &c. fait & passé audit Meulent, en presence de Iean Fiquez & Nicolas Toussaint demeurans a Meulent tesmoins, qui ont auec lesdites parties, & Notaire signé à la minute des presentes suiuant l'ordonnance, le neufiéme iour d'Auril mil six cens cinquante cinq, auant Midy.

Signé DOVLLE'.

Le present contract tenu pour ensaisiné par moy susdit & soubsigné Prieur dudit S. Nigaise, ledit iour 9. Auril 1655.

Signé DAVANNE.

& au dessous est l'acte qui ensuit.

Et le 19. iour de Nouembre audit an 1656. est comparu pardeuant ledit Notaire, ledit sieur Dauanne lequel a dit & declaré, que suiuant les desseins contenus au Contract cy dessus, il a fait abattre & desmolir ladite maison, disposé des materiaux, & pretend faire pauer ce qui sera conuenable, pour rendre ladite place libre & proportionnée à ce que de la grande ruë, l'on puisse comme l'on fait à present, voir, & plus commodement arriuer à laditte Eglise S. Nigaise, entrer au Cimetiere, & encores plus facilement audit Monastere: Or afin que son intention soit d'auantage eclarcie a voulu, (le iugeant ainsi necessaire) par la presente adition, declarer comme il fait, qu'ayant fourny de ses deniers, soit en son nom, ou en celuy des Religieux, tous les frais, tant du retraict d'vn iardin, ou il a remis partie du Cimetiere, que des acquets d'icelles maisons, murs & accommodations pour faire ladite place: il a entendu & entend qu'elle soit, & demeure entierement & perpetuellement libre, selon son etenduë en laditte nature & dispositiõ de ruë & place publiq;, quoy que iadis plus estroitte, sans que par quelque occasion que ce soit on y puisse faire retranchements, batiments, boutiques, portaux, ny aucune fermeture, soit pour le publiq ou particuliers, ny mesmes pour ledit Monastere, reuoquant ledit sieur Dauanne ce que par ses acquests il a dit donner le fond aux Religieux, qui n'estoit qu'en cas qu'il y eust empeschement par Creanciers, ou autres de faire laditte place, en laquelle son intention est, qu'il ny pourra estre tenu aucun marché qu'aux pressantes necessités, lors qu'il arriue inondation des eaues sur l'ancien marché, aussi n'y pourra estre fait assemblées, Ieux, & autres choses indecentes, ains demeurera comme dit est nette & libre, ainsy qu'il conuient deuant le portail d'vne Eglise, & les entrées d'un Cimetiere, & d'vn Monastere d'obseruance reguliere, à quoy il plaira à Messieurs les Officiers du Roy, Maire, Escheuins & habitans, tenir la main pour l'interest, honneur & commodité du public, & en ce faire obseruer exactement, les intentions dudit Donateur, lequel estant natif de cette Ville, a voulu y faire les decorations à luy possibles, tant en la restauration dudit Monastere qu'en la disposition de cette place, & afin que cette declaration soit publique, & que la posterité en soit mieux instruitte, ledit sieur Dauanne, supplie, que cét acte, & les contracts susmentionnez soient registrés aux greffes du Bailliage & Mairerie, & encores mis des exemplaires es chartriers des Paroisses de Meulent, & de tout ce que dessus a requis acte, à luy octroyé ce present, en presence de Iean Felix & Iacques de Laulne demeurans audit Meulent tesmoins, qui ont auec ledit sieur Dauanne & Doulé Nottaire signé à la minutte des presentes suiuant l'ordonance, les an & iour dessusdits.

Signé DOVLLE'.

Acte de l'Enregistrement au Greffe des susdits acquets pour la place le 16. Mars. 1656.

L'An mil six cens cinquante six, le Ieudy 16. de Mars en iugement l'audiance tenant, par nous François de Blois Conseiller du Roy en ses conseils d'estat & priué, President, Lieutenant general, Ciuil & Criminel, au Comté & Bailliage de Meulent. Sur la requeste de Maistre Iean Meriel au nom & comme Procureur dudit sieur Maistre Nicolas Dauanne Prestre, ancien, & naguerre Prieur commendataire de S. Nigaise au Fort de Meulent, Le contract cy dessus a esté leu publié & registré sur le registre des insinuations de ce Bailliage, pour y auoir recours & seruir à qui'il appartiendra, dont ledit Meriel audit nom a requis & demandé acte, à luy octroyé les an, & iour que dessus.

Signé DE BLOIS.

MERIEL Greffier.

Cét acte, est en la mesme forme escript & signé au bas des trois contracts dessus exprimez, que cette impression rendra encorre & dauantage publique pour maintenir la place en la decoration entiere de sa continence, à ce qu'il ny soit fait aucun changement.

Nouuelle Benediction du Cimetiere pour son accroissement le Dimanche à la Procession des Rameaux 21. Mars 1655.

NOVS soussigné Nicolas Dauanne Prestre natif de Meulent, Prieur Commendataire du Prieuré Conuentüel, sainct Nigaise au Fort dudit Meulent, ordre de S. Benoist, Congregation de S. Maur en France, atestons pour verité à tous ceux qui verront le present acte. Que depuis nostre promotion audit Prieuré en l'année 1620. la misericorde de Dieu nous a continué, le zelle d'y reparer les possibilitez a nostre foiblesse, & d'y auoir restably des Religieux, & réedifié le Monastere, lequel desirant decorer & donner au Portail de l'Eglise vne meilleure aduenuë, nous auons fait retrancher vne pointe de nostre Cimetiere, & transferé pareille estenduë sur vn jardin ioignant, qu'auons retiré de son alienation pour cét ouurage, sur le quel auons fait porter les terres dudit retranchement, iceluy enuironné de murs, & rendu en bonne disposition, le tout à la priere de nosdits Religieux & agreables admonestemens de Mr. de la Chesnaye Gouuerneur pour le Roy de cette ville, de Mr François de Blois Conseiller d'Estat, President Lieutenant General, de Me. Anthoine Cheroüise Aduocat, & Me. Pierre Gars Procureur du Roy, & la plusspart des autres Officiers de Iustice, comme aussi au requisitoire des notables habitans tant de la Ville que du Fort, & par l'agréement de tout le peuple, duquel Cimetiere, tant antien que de cette adition nous auons renouuelé la Benediction, faisant l'office en la Procession des Rameaux ce iourd'huy Dimanche vingt-vniéme Mars mil six cens cinquante cinq; assisté de nosdits Religieux, en presence & assistance des plus notables & mesmes de la plusspart des habitans dudit Fort de Meulent de l'vn & l'autre sexe, dont pour memoire à la posterité nous auons de nostre main escrit & signé le present acte ledit iour & an pour demeurer au Chartrier dudit Prieuré.

Sgné DAVANNE.

Fondation à S. Nigaise par Maistre Nicolas Iosset Curé de Drocourt du 30. Decembre 1655.

PARDEVANT Simon Doullé Nottaire & Tabelion Royal au Comté & Bailliage de Meulent soubzsigné, fut present en sa personne Maistre Nicolas Iosset Prestre, natif de la Paroisse S. Iacques au Fort de Meulent, Curé de Drocourt au Vicariat de Ponthoise: lequel a dit & declaré, qu'esmeu de deuotion enuers l'Eglise Prioralle de S. Nigaise audit Fort de Meulent, qu'il a longtemps deseruy comme Chapelain soubs Maistre Nicolas Dauanne lors Prieur dudit lieu, & desirant participer aux prieres & deuotions des Reuerends Peres Religieux Benedictins qui y sont à present residents, pourquoy soubs leur bon plaisir, il fonde en laditte Eglise, vne messe basse chacun premier mecredy des mois, qui sera ditte du iour; & apres le deceds du Fondateur conuertie en messe des morts à son intention, & de deffunct Iacques Iosset & Eustache le Conte ses pere & mere inhumez au Cimetiere dud. S. Nigaise, plus vn obit d'vne Messe haulte qui seruira de conuentuelle par chacun an à pareil iour du deceds d'iceluy Fondateur ou prochain selon l'vsage desdits Religieux, & attendant ledit deceds la Messe conuentuelle qui se dira le lendemain de la feste sainct Nigaise, sera à l'intention dudit Fondateur pour impetrer de Dieu par les prieres de S. Nigaise la grace de bien mourir; a laquelle haute Messe & celle dudit obit le Pere Religieux Maistre des enfans Escholiers qui seruent en laditte Eglise, aura soin leur faire dire chacun vn chapelet, a l'intention dudit fondateur, & par maniere de retribution apres loffice, leur fera distribuer a chacun vne petite image, & pour enuiron six deniers de fruitage, pour laquelle fondation ledit sieur Iosset fait par ces presentes donation & delaissement ausdits Religieux, qui feront lesdits offices, & pour leur seule Communauté, de 16. liures tournois de rente de bail d'heritage, à Hadricourt, constituez audit donateur par Richard Mousnier demeurant audit Hadricourt & Catherine Bertaut sa femme, par Contract deuant ledit Simon Doullé Tabelion, le 20. Decembre 1655. pour en receuoir par lesdits sieurs Religieux la premier année qui eschera dans vn an, à pareil iour, & continuer iusques au rachapt qui est de trois cens liures en vn seul payement suiuant ledit contract que ledit Fondateur mettra es mains desdits Religieux quand besoin sera, à commencer lesdits offices le lendemain de sainct Nigaise prochain, & continuer perpetuellement, de laquelle fondation ledit Iosset pourra faire poser dans laditte Eglise de sainct Nigaise en tel lieu qu'il plaira ausdits Peres Religieux, vne pierre grauée en forme d'Epitaphe, pour plus ample memoire, & seruir d'Emulation à autres biens faicteurs, à la plus grande gloire de Dieu, & en cas que ledit sieur Iosset vint a deceder dans Meulent, prie lesdits Religieux qu'il aye sepulture dans laditte Eglise, en lieu conuenable, & que ses heritiers y puissent faire poser vne tombe grauée. Ce que dessus accepté par ledit sieur Dauanne antien Prieur pour lesdits Religieux dont ils feront aprobation par acte Capitulaire, sous la permission qu'ils obtiendront de leurs Superieurs, car ainsi &c. promettans &c. obligeans &c. renonceans &c. fait & passé audit Meulent en presence de Sulpice Verneuil demeurant au Fort dudit Meulent, & Estienne Paillet demeurant audit Meulent tesmoins qui ont auec lesdites partyes & Notaire signé la minutte des presentes suiuant l'ordonnance, le 30. iour Decembre 1655. auant midy.

Signé en la grosse DOVLLE'.

Au dessous est escrit ce qui ensuit.

La communauté des Religieux dudit saint Nigaise aprés auoir obtenu la permission de leur Reuerend Pere Superieur General, ont approuué & accepté le contenu au present Contract, dont ils ont fait & signé le present acte en leur Chapitre, le Lundy 13. iour de Mars 1656. signé Fr. Ildefonce Vigier Prieur Claustral, Fr. Medard Linotte Soubs-prieur, Fr. Euangeliste de Mongobert, Fr. Vincent du Mas, Fr. Bernard Iolly, Fr. Nicolas Rossignol, Fr. Claude Craon, & Fr. George Eudes, en presence de moy susnommé & soussigné ancien Prieur Honoraire dudit lieu.

Signé DAVANNE.

Fondations à nostre Dame Bonnes-nouuelles de Rouen, & à S. Nigaise de Meulent pour Messieurs de Lesseuille &c. du 19. Auril 1656.

AVIOVRD'HVY Mercredy 19. iour d'Auril 1656. Mre. Nicolas Dauanne Prestre ancien & naguères Prieur des Prieurés Conuentuels de nostre Dame de Bonnes-nouuelles à Rouen, & de saint Nigaise à Meulent ordre de saint Benoist agregez à la Congregation de saint Maur en France, s'est presenté au Chapitre dudit Prieuré de Bonnes-nouuelles ou estoient assemblez les Reuerends Peres Dom Nicolas Valée Prieur

Claustral, dom Bonauanture Noel Soubs-prieur, doms Thomas Masson, Colombain de Lesdos, Augustin de Broisse, Anthoine le Vilain, Iean Langlois, Maur Benetot, Ildefonce de saincte Marie, Bruno Renaudet, Ildephonce Charlot, Maur Ialot, Iacques Breton, Loüis Baudy, Nicolas Bondeuille, & Estienne Rondeau tous Prestres Religieux, faisans à present l'entiere communauté dudit lieu. Ausquels il a dit & exposé, qu'ayant par la grace de Dieu, réedifié lesdits deux Monasteres, tant en regularité qu'en bastimens, donné & resigné ses tiltres à des Religieux de la Congregation qui en sont possesseurs, & en celuy-cy de Bonnes-nouuelles, fait depuis peu augmenter l'Eglise, & adiouster vne Chapelle aux autres qu'il y auoit cy deuant fait faire, bastir le portail auec tous les ornemens d'iceluy. Il s'est resouuenu que deffuncte (de loüable memoire) Dame Marie le Clerc de Lesseuille, veufue de Messire Anthoine le Camus Cheualier Seigneur de Iambeuille & autres lieux, Conseiller d'estat & President au Parlement de Paris, au temps du bastiment du Cloistre, luy donna pour y employer huit cens liures, dont fut fait l'vn des costés ou pour memoire sont posés les armes d'icelle Dame, laquelle aulmone il escriuit au Catalogue des bien faicteurs nommez dans l'histoire qu'il a composée dudit Monastere, estant ladite Dame deslors demeurée participante aux prieres des Religieux sans auoir esté faict aucun cõtract de fondation ny autre acte capitulaire: ce que voulant reparer, & en ce Monastere d'insigne deuotion & frequentation, honorer la memoire d'icelle Dame & dudit Seigneur son mary & par mesme occasion y adiouster celle de la feuë Dame Duchesse de Damuille leur fille vniqz & seule heritiere, pour les obligations qu'il a a ces trois vertueüses personnes de l'education de sa ieunesse, & à l'amitié qu'ils luy ont portée, & encores voulant ledit sieur Dauanne reconnoistre les autres bonnes affections qu'il a receües & luy sont continuées par Monsieur Maistre Nicolas le Clerc de Lesseuille (frere de laditte feuë Dame de Iambeuille) Cheualier de l'ordre du Roy, Conseiller d'estat, & Maistre en sa

Chambre des Comptes à Paris, Seigneur dudit Lesseuille Thun-la Fonteyne, & D'eueſquemont, & par tous Meſſieurs ſes enfans, & leurs deſcendans; il a deſir de les faire aſſoſſier, & rendre participans des meſmes prieres, oraiſons, ieuſnes, auſteritez, & bonnes œuures des Religieux de l'vn & de l'autre Monaſtere, & à cet effect fonder pour eux en celuy cy noſtre Dame de Bonnes-nouuelles, vne Meſſe baſſe qui ſera ditte à leur intention chacune des Feſtes de la ſainte vierge ou le lendemain, & encores vn ſeruice des morts ſelon l'vſage deſdits Religieux, qui ſe dira l'vn des iours de la premiere ſepmaine de Careſme, & pour ce donner auſdits Religieux ſix cens liures à employer pour faire les chaires, pulpitres & à accommoder le chœur de laditte Egliſe, dont ledit ſieur Dauanne fera de ſon aulmone les frais du ſurplus, pour ſatisfaire à la deuotion qu'il a de rendre ledit Monaſtere en ſa perfection. Et pour le regard de celuy de S. Nigaiſe à Meulent ou il a ia faict fondation pour leſdits ſieur & Dame de Iambeuille & Ducheſſe de Damuille (de laquelle ledit ſieur de Leſſeuille ſon Oncle maternel eſt l'vn des principaux heritiers), deſirant y adiouſter la memoire de deffunct Monſieur Maiſtre Nicolas le Clerc de Leſſeuille viuant Seigneur dudit lieu, Secretaire du Roy, Maiſon & Couronne de France, Pere de laditte Dame de Iambeuille & dudit ſieur de Leſſeuille, & qui eſtoit parain de luy Dauanne luy ayant donné ſon nom de Nicolas, comme auſſy ſemblable memoire dudit ſieur de Leſſeuille & deſdits ſieurs ſes enfans & leurs deſcendans (dont les Seigneuries ſont proches dudit Meulent) fonder pour eux audit S. Nigaiſe vne Meſſe baſſe chacun premier mardy des Mois, & pour les deffuncts de la famille, vn ſeruice des morts qui ſera dit par les Religieux auſſi ſelon leur vſage, l'vn deſdits iours de la premiere ſemaine de Careſme, pour laquelle fondation, il faict don auſdits religieux de S. Nigaiſe de pareille ſōme de 600. c. l. qu'il leur deliurera pour employer au retraict de 4. arpens de terre à la couſture de Meulent reſtans à retirer d'vne piece de vnze arpens, qui eſt de l'ancien domaine amorty dudit Prieuré, & en deffaut de pouuoir faire ledit retraict, employeront laditte somme en acquets de fond, dans la Seigneurie dudit Prieuré, afin qu'il y demeure reüny en pareil admortissement & que les reuenus desdits heritages retirez ou acquis seruent ausdits Religieux pour leur communauté, à accomplir ladite fondation, de laquelle comme de celle audit Bonne nouuelles luy Dauanne pourra faire poser aux Eglises marbres graués d'icelles fondations. Lesquels dire & exposition du sieur Dauanne lesdits Religieux en leurdit chapitre ont loüez & approuuez, & tant pour eux que pour leurs Confreres de sainct Nigaise à Meulent, acceptent les donations & fondations dessus exprimées qui seront accomplies par eux & leurs successeurs esdits Monasteres respectiuement; le tout soubs le bon plaisir & agrément du Reuerend Pere Superieur general de ladite Congregation, & ses Assistans selon les constitutions d'icelle, & de ce que dessus lesdits Religieux de Bonnes-nouuelles, ont à moy soubsigné scribe dudit chapitre, commandé faire le present acte, & l'inscrire aux registres dudit Monastere, & d'en enuoyer vn exemplaire à leursdits Confreres à Meulent, pour en faire la ratification, & pareillement inserer en leurs actes capitulaires, fait comme dessus ledit iour, Mecredy 19. Auril 1656.

Signé DAVANNE.

Et au dessoubs, par commandement des Reuerends Peres tenans le susdit Chapitre.

Signé Fr. Anthoine le Vilain. Scribe:

Le Reuerend Pere Dom Iean Harel Superieur general, auec Dom Placide de Sarcus, & Dom Benoist Bracher ses Assistans, ont agreé les fondations du present acte, & acceptées par les Religieux de sainct Nigaise à Meulent selon les Actes qu'ils en ont faits.

Fondation à S. Nigaise par le sieur de Vyon-Herouual, pour ses Pere & Mere, & Ancestres inhumez audit Lieu.

PARDEVANT les Nottaires du Roy nostre Sire en son Chastelet de Paris soubzsignez : fut present en sa personne Anthoine de Vyon Escuyer Seigneur d'Herouual, Conseiller du Roy, & Auditeur en sa Chambre des Comptes à Paris y demeurant, en l'Isle de nostre Dame sur le quay d'Alençon paroisse de S. Loüis : lequel voulant executer le traité cy deuant accordé entre luy, & Me. Nicolas Dauanne prestre, lors prieur commendataire du Prieuré conuentüel de S. Nigaise au Fort de Meulent, ordre S. Benoist & Congregation S. Maur en France, sur la consideration de la réedification dudit Monastere, & retablissement des Religieux par le soin & charité dudit sieur Dauanne, & renoueler par ledit sieur d'Herouual la deuotion de ses Ancestres, de la maison & ancienne famille des Vyons, pour ladite Eglise S. Nigaise, ou ils ont choisy & fait leurs sepultures, comme est celle des Pere & Mere dudit sieur d'Herouual, pour leur salut & celuy des autres: Iceluy sieur d'Herouual a fondé & fonde par ces presentes audit S. Nigaise vn obit solemnel, qui se dira par les Reuerends Peres Religieux dudit prieuré selon lusage de leur Ordre & Congregation par chacun an, le premier Vendredy de Caresme, & outre vne Messe basse les Vendredys des quatre temps de l'année, & pour ledit obit sera mis la representation sur lesdites sepultures, ou sont inhumez Iean de Vyon Escuyer Seigneur de Huanuille, Becheuille, Puiseux sur Seine, Leuemont & Iumeauuille en partye, Lieutenant pour le Roy à Meulent, Fils de Pierre de Vyon, Escuyer, Seigneur Chastelain de Vaux, & de Colete de maugaret son Espouse, inhumez en l'Eglise Nostre Dame de Poissy, & frere puisné de Messire Loüis de Vyon Cheualier Seigneur Chastelain dud. Vaux, de Monbine, & saucourt decedé le 7. Aoust 1510. inhumé & ses descēdans de la maison de Vyon en l'Eglise dud. Vaux. ledit Iean de Vyon decedé le 27. Octobre 1537. Marie de Ianailhac, Dame de Guitrācourt sa femme decedée le 1. Decembre 1512. Yues de Vion Escuyer Seigneur de Tessancourt, Puiseux sur Seine, Leuemont, & Iumeauuille en partye, Lieutenant pour le Roy à Meulent, fils aisné desdits Iean de Vyon & Marie de Ianailhac decedé le 12. Féurier 1568. les descendans, duquel ont choisy leur sepulture en l'Eglise dudit Tessancourt. Guillaume de Vyon Escuyer Seigneur de Huanuille & de Becheuille Frere puisné dudit Yues decedé le 24. Iuillet 1571. Marie de Fontaines Dame de Chaudon sa premiere femme decedée le 5. Iuillet 1546. Iacqueline de Charny Dame d'Igny pres Paris, sa seconde femme decedée le 12. Ianuier 1590. Iacques de Vyon Escuyer Seigneur de Gaillon, Huanuille, Becheuille, Chaudon, & la Fie, Lieutenant pour le Roy à Meulent, Fils aisné desdits Guillaume de Vyon & Marie de fontaines decedé le 22. Septembre 1610. Marie de Forests sa Femme decedée le 11. Ianuier 1621. Charles de Vyon Escuyer seigneur de la Fie decedé le 29. septembre 1639. Anthoine de Vion, Escuyer seigneur de Tangy & de Herouual Lieutenant pour le Roy à Meulent (Pere dudit sieur fondateur) decedé le 28. Septembre 1632. Frere Pierre de Vyon Cheualier de Malte, decedé le 17. Ianuier 1614. lesdits Charles, Anthoine & frere Pierre de Vyon fils desdits Iacques de Vyon & Marie de Forest & freres puisnez de deffunt Iacques de Vyon Cheualier seigneur de Gaillon & Huanuile decedé le 26. May 1646. inhumé en l'Eglise dudit Gaillon ou ses descendans ont pris leur sepulture, de Mathieu de Vyon Cheualier, seigneur de Becheuille decedé le 27. Feburier 1645. inhumé en l'Eglise des Mureaux ou ses descendans ont choisy leur sepulture, & de

Marie de Vyon, espouse de Simō de Sailly Cheualier Seigneur de sainct Cir en Arthie decedée le 26. Ianuier 1635. inhumée en l'Eglise sainct sulpice à Paris, les susdits ayans, encores eu pour freres Dom Louys de Vyon Religieux Commandeur en l'abbaye s. Denis en France Prieur de Boüafle y decedé & inhumé, & Dom Ioachim de Vyon, Religieux Officier en l'Abbaye de Fescamp y decedé & inhumé, & audit s. Nigaise inhumée Claude Abely espouse dudit Anthoine de Vyon sieur de Tangy decedée le 6. Ianuier 1641 pour le salut desquels & desdits Ancestres inhumez audit sainct Nigaise, & encores de deffuncte Françoise de Vyon espouse de Pierre le Maistre Cheualier seigneur Chastelain dudit Vaux pres Meulent, & de Montsabert en Anjou fille desdits deffuncts Anthoine de Vyon & Claude Abely & sœur dudit sieur d'Herouual decedée le 2. Nouembre mil six cens trente six, inhumée en l'Eglise sainct Roch a Paris ou elle demeuroit Ledit sieur d'Herouual fait comme dit est, la presente fondation moyennant les donations mentionneés au Contract passé entre luy, & Reuerend Pere Dom Martin de Liesme Prestre Religieux dudit ordre sainct Benoist & Congregation de S. Maur, à present Prieur Titulaire dudit Prieuré saint Nigaise (par la resignation dudit sieur Dauanne) estant de present en l'Abbaye de saint Germain des Prez à Paris, lequel pour ce present a declaré qu'il consent que les heritages contenus audit Contract, demeurent à la communauté desdits Religieux qui feront les Offices d'icelle Fondation: auquels il promet faire agréer ces presentes par Acte capitulaire, qu'il en fournira audit sieur d'Herouual dans vn Mois. Car ainsi &c. protans &c. obligeans &c. renonceans &c. fait & passé en l'estude de l'vn des Notaires soubsignez à Paris le dix-huictiesme de May mil six cens cinquante six, & ont signé ces presentes cetuy pour ledit Dom Martin de Liesme. Prieur susnommé,

Ainſy Signé Fr. Martin de Lieſme Prieur ſaint Nigaiſe, Anthoine de Vyon Seigneur d'Herouual, Thomas, & le Moyne Nottaires.

De la permiſſion du Reuerend Pere Superieur General de la Congregation les Religieux dudit ſainct Nigaiſe ont accepté les donations & fondations des ſuſdits Contracts.

FIN.

TABLE

des pieces de ce Recueil.

ẽ

Pour la place deuant l'Eglise S. Nigaise.

Autres Fondations à S. Nigaise.

FIN.

www.ingramcontent.com/pod-product-compliance
Ingram Content Group UK Ltd.
Pitfield, Milton Keynes, MK11 3LW, UK
UKHW021116220726
13924UKWH00004B/1739

9 782019 225230